BIG IDEAS

IN BRIEF

빅 아이디어

이언 크로프턴 지음 ｜ 정지현 옮김

arte

/ 차례

위대한 생각이 위대한 이유는 무엇일까? 1953년에
영국의 철학자 이사야 벌린은 「고슴도치와 여우」라는
제목의 유명한 논문을 발표했다. 고대 그리스의 시인
아르킬로코스가 쓴 우화 중 '여우는 아는 게 많지만,
고슴도치는 딱 한 가지에만 집중한다'는 내용을 토대로 한
논문이다.

벌린은 이 우화를 바탕으로 세계의 위대한 사상가와
저술가들을 고슴도치와 여우라는 두 범주로 나누었다.
고슴도치는 위대한 사상 하나만으로 세상을 바라보는
이들이다. 벌린이 예로 든 고슴도치에는 플라톤, 헤겔, 니체
같은 철학자와 단테, 도스토옙스키, 입센, 프루스트 같은
작가들이 포함되었다. 반면 아리스토텔레스, 셰익스피어,
몽테뉴, 괴테 등은 여우에 속하는데 이들은 광범위한 사상과
경험을 활용하여 다양한 관점으로 세상을 바라본다.

이 책에는 플라톤의 형상, 헤겔의 관념론, 마르크스의
변증법적 유물론을 비롯해 수많은 고슴도치의 사상이 담겨
있다. 넓은 측면에서 보자면 고슴도치들 역시 상호 모순되는

개념을 기꺼이 받아들이고 가정assumption에 질문을 던졌기에
고슴도치로 분류하기가 쉽지만은 않았다.

이 자그마한 책은 광범위한 학문 분야를 다루지만,
포괄적이라고 할 수는 없다. 그보다 일반 독자들이
조금이라도 알아야 하는 사상을 선별하여 핵심만 요약한
책이다. 그중에서도 철학과 정치 분야가 가장 많은 부분을
차지해서 독자들에게 조금 미안한 마음이 들지만 그
밖에도 종교, 과학, 경제학, 사회학, 심리학, 예술 등 다양한
주제가 담겨 있다. 각 분야의 위대한 사상들만 따로 모은
책을 원하는 독자라면 이 책의 시리즈로 함께 나와 있으니
참고하기 바란다.

— 이언 크로프턴

철학

'철학philosophy'이라는 단어는 '지혜를 사랑하는 사람'을 뜻하는 고대 그리스어 '필로소포스philosophos'에서 유래했다. 그만큼 고대 그리스 철학이 다루는 범위가 매우 넓었다. 하지만 오늘날 철학의 정의는 참인 것에 대한 기본적 믿음의 토대를 비판적으로 탐구하고, 그러한 믿음의 표현에 사용되는 개념을 분석하는 활동으로 좁혀졌다.

소크라테스 이전의 고대 그리스 철학자들은 대부분 물질의 본질이나 우주의 형태 같은 물리적 세계를 다루었다. 그러한 탐구는 중세시대에 이르러 자연철학으로 불리게 되었다. 오늘날 우리가 과학이라고 부르는 학문이다.

과학은 물리적 세계에 관한 진리를 찾는 일차적 활동으로 분류될 수 있다. 어떤 행동이 좋은지 나쁜지를 설교하는 것 또한 일차적 활동이다. 이에 비해 철학은 일차적 활동 너머에 있는 가정을 살펴보는 이차적 활동이다.

소크라테스는 철학의 초점이 '선이란 무엇인가?'처럼 인간성과 관련된 질문으로 향하도록 만들었다. 그의 사상은 제자 플라톤〔p.12〕이 남긴 대화식의 저술로만 남아 있다.

인간성에 관한 소크라테스의 질문은 철학의 한 갈래로서
도덕적 판단의 기초를 명확하게 밝히고자 하는 윤리학의
시작이 되었다. 또한 소크라테스는 논쟁의 타당성을
시험하는 방식을 개발했는데 이는 논리학을 탄생시켰다.

　윤리학과 논리학은 철학의 두 가지 중요한 분야다.
세 번째가 형이상학인데, '존재란 무엇인가?'처럼 실재의
궁극적인 본질에 대해 질문하는 학문이다. 그 밖에 지식의
본질을 연구하는 인식론, 미와 예술의 본질을 탐구하고
비판적 판단의 토대를 질문하는 미학 역시 철학에 속한다.

　그 외에도 과학, 역사, 정치 이론 등을 비롯해 다양한
일차적 주제를 다루는 철학이 존재한다.

이성

이성은 미묘하게 다른 여러 의미를 가진 단어다. 인간이 논리적인 추론을 하게 해 주는 기능이 바로 이성이다. 일반적인 법칙에서 구체적인 결론을 이끌어 내거나(연역 추론) 구체적인 법칙에서 일반적인 결론을 이끌어 낼 수 있도록(귀납 추론) 해 준다. 어떤 철학자들은 이성이 지성을 뜻한다고 말하는데, 이때의 지성은 경험과 상반되는 지식의 원천을 가리킨다.

이성은 감정이나 상상, 광기 또는 신앙과 대조를 이룰 때가 많다. 성 토마스 아퀴나스는 13세기에 신앙과 이성을 조화시킴으로써 기독교 신학에 이성을 수용하고자 했다.

18세기에는 계몽주의 사상가들이 이성의 우위를 강조했다. 그들은 미신과 편협함을 없애고 이성을 강조하는 방향으로 공공 영역을 개혁하려는 움직임을 보였다. 18세기 후반에 이르자, 그에 대한 반발로 인간의 경험에서 개인적인 감정이 가장 중요하다고 강조하는 낭만주의 운동이 일어났다(p.386).

/ Reason

영국의 낭만파 화가이자 시인인 윌리엄 블레이크의 그림. 이 그림 속 아이작 뉴턴은
이성에만 집착한 나머지 자기를 둘러싼 자연계를 의식하지 못하고 있다. 이는 또한
〈옛날부터 항상 계신 이The Ancient of Days〉라는 그림에 묘사된 신의 모습을 그대로
반영한 것이기도 하다 (p. 141).

플라톤 철학

플라톤 이후 서양철학은 '플라톤 철학에 붙은 일련의 각주'로 묘사되어 왔다. 그만큼 플라톤이 오랫동안 막대한 영향을 끼쳤다는 의미다.

플라톤은 아테네에서 살았고 아카데미라고 알려진 철학 학교를 세워 학생들을 가르쳤다. 그는 소크라테스〔pp. 8, 9〕의 제자였는데 그가 남긴 저술 대부분은 소크라테스가 여러 사람과 나누는 대화 형식으로 이루어져 있다. 하지만 그의 저술들이 플라톤 자신이 아니라 소크라테스의 사상과 얼마나 가까운지는 알 수 없다.

그 대화는 일명 '소크라테스 대화법'으로 이루어진다. 소크라테스가 무지를 내세워 상대방이 자기모순을 깨달을 때까지 질문을 계속하는 식이다. 그렇게 함으로써 쟁점이 분명해지고 진리에 좀 더 다가가게 된다. 초기의 대화는 신앙심이나 용기와 같은 '덕목'에 관한 내용인데, 지식이 곧 덕이고 잘못은 무지의 결과라는 결론에 이르는 듯하다. 소크라테스 대화법은 매우 큰 의의를 지닌다. 가정에 끝없이 도전하고 논리적인 주장을 고집하는 진정한 철학의 특징을 띠기 때문이다.

플라톤이 저술한 대화에서는 실재의 궁극적 본질에 대해서도 토론한다. 플라톤은 물질계의 경험보다는 형상 또는 이데아야말로 실재라고 보았다. 최고의 형상은 선이며 지식과 동일시된다. 플라톤은 『국가The Republic』에서 동굴에 갇힌 죄수들의 이야기로 그 개념을 설명한다〔p.14〕. 『국가』에서는 정치도 다루는데, 정의의 본질을 논하고 철학자인 왕이 다스리는 이상적이고 공정한 국가의 상을 제시한다.

로마제국 후기에는 플라톤의 형상론을 토대로 하는 신비주의 철학인 신플라톤주가 등장했다. 신플라톤주의는 '존재의 사슬'이라는 난해한 개념을 통해 존재를 계층적으로 바라보았다. 이는 르네상스 시대를 지나서까지 유대교와 기독교, 이슬람교 철학자들에게 영향을 끼쳤지만 플라톤 철학만큼 중요하다고 여겨지지는 않았다.

플라톤의 동굴

플라톤은 『국가』에서 인간을 동굴에 갇힌 죄수로 비유한 동굴 우화를 소개했다. 동굴 속에는 모닥불이 피워져 있고 죄수들은 벽을 향한 채 묶여 있다. 죄수들에게는 눈앞의 벽밖에 보이지 않으므로 그들이 경험하는 사물은 동굴 벽에 비친 불의 그림자뿐이다. 플라톤은 불변의 이상적인 형상으로 이루어진 궁극적 사실에 대한 인간의 무지를 이 비유로 나타내고자 했다.

예컨대 탁자는 불완전한 복제품 또는 이상적인 탁자의 그림자이고, 말馬은 말 같은 것의 전형이 드러난 것이다. 모든 말은 저마다 다르므로 어떤 것도 실질적이고 이상적인 말을 대표하지 않는다. 우리가 경험하는 세계의 사물은 언제나 변하고 있다. 탁자는 한때 나무였고 말은 태어나 성장하고 죽는다. 진정한 지식은 오로지 관찰이 불가능한 형상의 세계에서만 얻을 수 있다. 우리가 감각 세계에서 지식으로 취하는 것들은 사실 견해나 믿음에 불과하다.

/ Plato's cave

아리스토텔레스 철학

그리스의 철학자 아리스토텔레스는 플라톤의 제자였지만 그의 접근법은 스승과 크게 달랐다. 플라톤이 궁극적 실재는 인간의 경험 너머에 존재한다고 믿은 반면, 아리스토텔레스는 보이는 그대로의 세계를 연구하는 데 관심을 가졌다. 그는 논리학에서부터 윤리학, 미학, 정치학, 물리학, 형이상학, 천문학, 기상학, 심리학, 생물학, 동물학에 이르기까지 다양한 주제에 관해 저술했다.

플라톤과 반대로 아리스토텔레스는 실재가 추상적인 실체가 아닌 개별적인 물질로 이루어져 있다고 생각했다. 그에 따르면 감각에 의해 뒷받침되는 증거만이 유일한 지식이며 이성을 이용해서 사물의 고유한 특징, 즉 본질을 찾을 수 있다고 했다. 따라서 구체적인 진리에서 일반적인 진리를 이끌어 낼 수 있다.

그러한 추론을 탄탄한 토대로 삼고자 아리스토텔레스는 삼단논법〔p.88〕을 체계화했다. 삼단논법은 다음 예시와 같은 추론 방식이다. '모든 그리스인은 인간이다. 모든 인간은 죽는다. 따라서 모든 그리스인은 죽는다.' 아리스토텔레스는 이와 같이 어떤 추론이 타당한지 또는 그렇지 않은지를 밝힘으로써 형식논리학의 토대를 확립했고 과학에 논리적 토대를 제공했다.

아리스토텔레스는 또한 시와 연극을 분석하여 예술이 이상적인 형상의 본질임을 구체화했다. 아름다움의 본질은 대칭과 질서이며, 비극은 동정과 공포를 불러일으켜서 그런 감정을 제거하는 기능을 한다고 했다. 또 행복을 위해서는 인간의 필수적 능력인 이성의 행사가 중요하다고 했다. 이성의 행사란 지적인 노력과 감정의 통제를 통해 무절제와 엄격함 사이의 중용〔p. 106〕을 달성하는 것이다.

유럽이 암흑 시대를 지나는 동안 아리스토텔레스의 가르침은 이슬람 세계의 학자들이 지켜갔다. 12세기에 유럽에서 라틴어 번역이 시작되면서 그의 가르침이 유럽에 큰 영향을 끼쳤고, 서구 사상이 발달하는 데 틀을 제공했다.

인문주의

인문주의는 인간을 가장 중요한 관심사로 보는 지적인 태도라고 정의할 수 있다. 소크라테스 이전의 그리스 철학자들은 주로 우주의 본질에 관심을 가졌다. 그에 반해 소크라테스와 플라톤, 아리스토텔레스는 정치와 윤리에 관심을 기울이고 인간을 그 중심에 놓았다.

유럽 중세시대의 지적 활동은 주로 신이나 신학과 관련이 있었다. 그러다가 르네상스 시대에 접어들어 주로 비종교적 접근법으로 쓰인 고대 그리스와 로마의 저작물에 대한 관심이 되살아났다. 신의 존재나 우월성을 부정하는 경우는 드물었지만 예술과 문학, 학문의 초점이 확고하게 인간을 향하기 시작했다. 16세기 과학혁명이 일어나면서 사람들은 인간의 이성으로 우주의 원리를 헤아릴 수 있다고 믿기 시작했다. 오늘날의 인문주의는 흔히 무신론을 의미하고, 적어도 세속적 태도를 뜻하는 경향이 강하다.

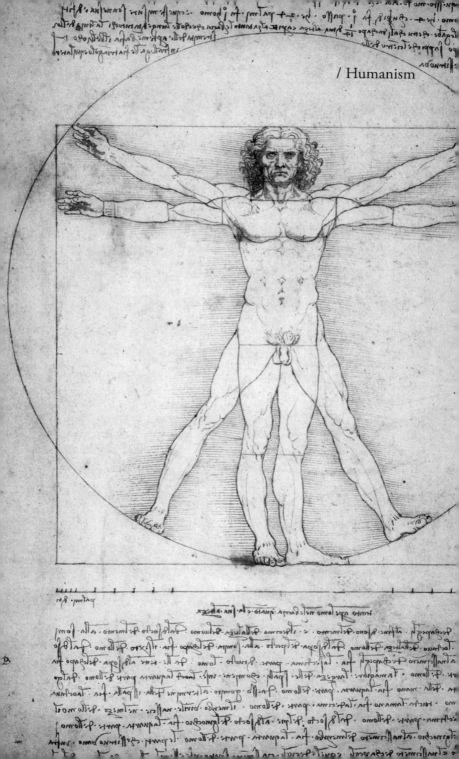

인간의 본성

   '인간의 본성'이라는 것이 과연 존재하는지, 만약 그렇다면 그것이 무엇인지에 대한 질문은 오랫동안 철학자들을 괴롭혔다. 기독교에서는 아담과 이브가 신의 말을 어기고 에덴동산에서 쫓겨난 후로 모든 인간이 '원죄'를 가지고 태어난다고 가르친다. 이 관점에 따르면 모든 인간은 타고난 죄인이며 (교파에 따라 차이가 있지만) 성직자의 중재나 선행, 무엇보다 신앙〔p.142〕을 통해서만 구원받을 수 있다.

   영국의 철학자 토머스 홉스도 인간의 본성을 비관적으로 바라보았다. 그는 원시시대 인간의 삶이 "고독하고 가난하고 험악하고 잔인하고, 그리고 짧다"라고 했다. 따라서 인간은 절대적 권력을 가진 통치자가 이끄는 엄격한 사회질서가 마련되어야만 "끊임없는 공포와 폭력적인 죽음의 위험"에서 벗어날 수 있다고 주장했다.

   오늘날 정치적 보수주의자는 권위와 위계를 강조하고, 가난한 이들의 삶을 개선시키려는 노력을 실패가 보장된 '사회공학social engineering'이라고 일축하는 경향이 있다. 인간이 태생적으로 게으르고 이기적이라고 인식하기 때문이다.

프랑스의 철학자 장자크 루소는 18세기에 인간의 본성에 대해 상반된 관점을 내놓았다. 그는 자연 상태의 인간은 '고결한 야만인'이라면서 인간의 타고난 선을 사회가 타락시킨다고 주장했다.

홉스의 다음 세대인 영국 철학자 존 로크(p.70)는 인간의 본성 자체를 인정하지 않고 '백지' 상태로 태어난다고 했다. 어떤 인간이 되는지는 환경과 양육에 의해 결정되므로 교육이 중요하다고 주장했다. 일반적으로 사회주의, 공산주의, 무정부주의 등 좌파 사상가들은 이 관점을 수용한다. 그들은 사회질서가 바로잡혀 있으면 인간 행동이 개선되고 사심 없이 서로 협동하므로 행복해질 수 있다고 믿는다. 이것이 정치 분야에서 이루어지는 '본성 대 양육' 논쟁이다(p.198).

사랑

오늘날 '사랑' 하면 한 사람이 또 한 사람에게 느끼는 강렬한 욕망을 떠올리는 경향이 있다. 즉 '남녀'의 사랑이다. 일부 페미니스트들은 사랑이 남성의 지배를 강화하려는 문화적 구조에 불과하다고 비판하고, 사회생물학자들은 사랑의 기능이 성선택에 따른 진화라고 주장한다.

고대 그리스인들은 사랑을 세 가지 유형으로 구분했다. 친구 사이의 애정을 필로스, 성적 사랑을 에로스, 사심 없는 사랑을 아가페라 했다. 아가페적 의미에서 사랑이라는 단어는 성 바울의 편지에서도 사용되었다. "그런즉 믿음, 소망, 사랑 이 세 가지는 항상 있을 것인데 그중의 제일은 사랑이라."(「고린도전서」 13장 13절)

단테에 따르면 기독교에서 피조물에 대한 신의 사랑은, 태양과 별을 움직이는 절대적인 사랑이다. 플라톤과 아리스토텔레스는 사랑이 완벽에 대한 갈망이라고 보았다. '플라토닉러브'는 육체적 욕망을 초월한다. 궁극적 사랑은 지혜에 대한 사랑, 즉 철학의 기원이다.

/ Love

역사

가장 단순하게 설명한다면 역사는 우리가 과거에 대해 하는 이야기로 이루어진다. 초기의 역사서는 고대 중동에서 발견된 것과 같은 왕의 목록이었다. 이는 대개 지배권을 쥔 군주의 혈통을 신으로 거슬러 올라가 찾는다. 신이 통치 자격을 준다는 것이다. 신화와 전설은 그러한 혈통에 관해 상세하게 이야기하면서 세상 모든 것이 어째서 지금처럼 되었는지를 설명한다.

훗날 저작자들은 좀 더 가까운 과거에 관해 기록하기 시작하면서 서사를 약간 왜곡했다. 즉 신화와 전설이 그랬듯이 자기 나라와 문화, 종교가 가장 돋보이도록 한 것이다. 이처럼 역사가가 숨은 동기를 가지고 기록하는 풍조는 그 뒤로도 계속 이어졌다.

예를 들어 19세기에는 많은 역사가가 역사를 인간의 진보로 기록했다. 즉 당시의 우세한 상황을 기록한 것이었다. 매콜리 경Lord Macaulay을 비롯한 영국 역사가들에게 역사는 입헌군주제와 의회민주주의를 향한 거부할 수 없는 행진이었다. 독일의 철학자 헤겔(p.63)이 보기에는 추상적인 정신이 필연적이고 점진적으로 펼쳐져서 그가 사는 국가 프로이센이 된 것이 바로 역사였다. 카를 마르크스도 비슷한 결정론적 접근법을 취했지만, 그는 역사의 목적이 완벽한 공산주의라고 봤다〔pp. 260, 261〕.

오늘날 역사학자들은 역사가 모든 것을 아우르는 포괄적 방식이라는 사상을 거부하고 최대한 객관적으로 해석하려고 노력한다. 하지만 역사에서 완전한 객관성을 담보하기는 불가능하다. 어떤 사실을 사실이라고 증명할 수 있다 하더라도, 역사란 선별된 사실들이 모여서 어떤 설명을 제공하는 것이기 때문이다. 어떤 사실이 중요한지, 다른 사실과 어떤 관계인지 결정하는 과정에서 역사학자는 자신의 계급이나 문화 또는 성별에 따른 관점을 드러낼 수밖에 없다.

자연

자연은 사랑과 마찬가지로 복합적 의미가 있고
문화적으로도 정의하기 부담스러운 단어 가운데 하나다.
무언가의 자연(본질)이란 속성 또는 결정적 특징을 말한다.
자연은 플라톤의 형상처럼 [p.14] 관념이나 영성의 세계와
반대되는 물질계 전체를 가리키기도 한다.

또한 자연은 문명과 구별되는 모든 것을 나타낼 수도
있다. 인류 역사의 상당 기간에는 이러한 측면의 자연이
혐오스러운 것으로 간주되었다. 예를 들어 산과 숲은
위험하고 쓸모없으므로 추하며, 경작과 산업으로 길들일 수
있는 자연만이 도덕적 또는 미학적 가치가 있다는 것이다.
그러나 18세기 후반에 일어난 낭만주의 운동 [p.386]이 야생을
숭고한 영감의 근원으로 묘사하면서 사람들의 관점을
바꿔놓았다. 좀 더 근래에 이르러서는 환경보호 운동이
그보다 한발 더 나아갔다. 인간의 손길이 닿지 않은 야생의
생태학적 가치를 강조한 것이다 [p.268].

조지 스터브스George Stubbs 의 작품 〈사자에 놀라는 말A Horse Affrighted by a Lion〉
(1777). 자연의 잔인한 측면과 낭만적 측면을 모두 보여 준다.

형이상학

형이상학은 존재와 앎, 실재의 궁극적 본질 등을 연구하는
철학이다. 존재와 신, 외부 세계, 시간과 공간, 정신과 육체의
관계, 인과관계, 인간사와 관련된 결정론 및 자유의지 등에
관한 의문을 파고든다. 앎과 관련된 형이상학의 측면을
인식론(p.54)이라고 한다.

형이상학적 질문은 고대 그리스에서 중세를 넘어서까지
철학적 탐구를 지배했다. 예를 들어 플라톤은 실재가
형상이라는 추상적인 세계에만 존재한다고 믿었다(p.14).
13세기의 기독교 신학자 성 토마스 아퀴나스는
아리스토텔레스의 추론을 이용해 신의 존재를 밝히고자 했다.

17세기에 프랑스의 철학자 르네 데카르트는 합리적인
논증을 통해 정신과 육체가 별개라는 결론에 도달했고,
물질과 비물질이 어떻게 상호작용 하는지를 탐구했다(p.43).

이처럼 인간이 관찰할 수 있는 능력을 넘어서고 심지어
이성을 벗어난, 실재에 관한 형이상학자들의 주장은 몽상에
불과하다는 비웃음을 사게 됐다. 18세기에 스코틀랜드의
철학자 데이비드 흄은 형이상학 저서가 꼭 파헤쳐야 하는

두 가지 질문을 제시했다. 첫째는 "수나 양에 관련된 추상적 추론을 포함하고 있는가?"이고, 둘째는 "사실이나 존재에 관련된 실험적 추론을 포함하고 있는가?"이다. 흄은 만약 두 가지 질문의 답이 모두 "아니다"라면 그 책은 "궤변과 착각에 불과하므로" 불 속에 던져버리라고 했다.

논리실증주의 사상가(p.80)들은 20세기 초에도 비슷한 근거로 형이상학을 공격했다. 형이상학자들끼리의 혼란이 언어 원리에 대한 오해 때문에 생겼다는 주장도 있었다. 그러나 이러한 비판 속에서도 형이상학은 여전히 많은 철학자에게 관심사로 남아 있다.

목적

만물에 목적 또는 목적인目的因(목적이 있기에 운동이 일어난다는,
아리스토텔레스가 설명한 운동의 네 가지 원인 중 하나. 옮긴이)이 있다는
믿음을 목적론이라고 한다. 이는 인간이 특정한 목표를
달성하기 위해 합리적으로 행동하는 경향이 있어서 나온
믿음일 것이다. 이런 믿음은 인간의 목표 지향적 행동을
설명할 때 사용하는 언어를 인간이 아닌 것과 관련해서도
사용하도록 부추긴다. 이를테면 미리 결정된 운명이라거나
예정된 결말이라거나 하는 것 말이다.

목적론적 사상에는 자연현상, 특히 지구에서 살아가는
생명체의 이면에 자리하는 설계라는 개념이 명백하게
또는 암시적으로 들어 있다. 일부 기독교인들은 '지적인
설계자', 즉 신 없이는 불가능하다고 주장한다. 사물에
목적을 부여하는 언어 습관은 다윈주의자들조차 빠지는
덫이다. 하지만 이는 유전자상의 우연한 돌연변이가 어떻게
유기체에 기능적 이점을 제공하고 자연선택〔p. 197〕에 의해
영구화되는지를 설명하기에는 충분하지 않다.

/ Purpose

부조리

19세기 들어 신이 세상을 만들었다는 확고한 믿음이 약해지기 시작했다. 무엇보다 지리학자들은 지구 역사가 『성경』에 나오는 이야기보다 더 오래되었음을 밝혔다. 화석 연구를 통해서 지금은 멸종된 생명체가 한때 지구에 살았다는 사실도 밝혀졌다.

찰스 다윈은 모든 생물이 신에 의해 처음부터 지금의 모습으로 만들어진 것이 아니라 자연선택을 통해 진화했다고 주장했다(p.196). 많은 지식인이 이 주장을 반박할 수 없다고 여겼지만, 한편으로는 두려운 의미가 담긴 주장임을 알아챘다. 독일의 철학자 프리드리히 니체가 1882년에 "신은 죽었다"라는 말로 그 공포를 입 밖으로 표현했다.

신이 인간을 만들지 않았다면 인간의 삶 또한 신성한 목적에 의한 것이 아닐 수 있고, 어쩌면 목적이 아예 없을지도 모른다. 과학이 밝혀낸 명백한 사실은 존재의 의미를 찾고자 하는 성향을 가진 인간을 좌절시켰다. 인간은 '왜 태어났는가?'라는 질문에 더는 답할 수 없게 되었다.

　이러한 갈등은 우주가 의미도 없고 비합리적인 부조리에 불과하다는 우려로 이어졌다. 부조리한 세계에서 어떻게 행동해야 하는가에 대한 질문은 실존주의〔p.36〕철학 운동의 주요 관심사가 됐다.

　실존주의와 부조리의 개념은 19세기에 나왔지만, 서구 사회에 정착한 것은 제2차 세계대전 이후였다. 유대인 대학살은 인간이 얼마나 비인간적일 수 있는지를 입증했고, 히로시마와 나가사키에 원자폭탄을 투하한 일은 인간성이 완전히 소멸되었다는 생각을 하게 했다. 그 결과로 나타난 무기력감과 불안, 혼란은 부조리 문학이 등장하는 계기가 되었다. 사무엘 베케트의 『고도를 기다리며 Waiting for Godot』(1953)가 대표적인 작품이다. 주인공들은 오지도 않는 고도라는 인물을 하염없이 기다린다.

존재

존재를 다루는 학문을 존재론이라고 한다. 주로 무엇이
존재하고 또 존재하지 않는지를 다룬다. 보편자, 육체와
별개인 정신, 정신과 별개인 사물, 자유의지, 본질, 신 등이
포함된다.

어떤 것이 존재한다고 생각된다면 그것이 정신이나 언어와
독립적으로 존재하는지를 질문하게 될 것이다. 또한 더는
단순화할 수 없는지, 다른 요소들로 이루어졌는지, 질문할
수 있다. 물질로 존재하는지, 성질로 존재하는지, 특성으로
존재하는지, 아니면 다른 사물과의 관계로 존재하는지도 물을
수 있다.

철학에서 가장 오래된 논쟁은 보편자의 상태에 관한
것이다. '파란색'이나 '고양이' 같은 일반명사 말이다.
실재론자들은 보편자가 정신과 별개로 존재한다고 믿는 반면,
반대편에 서 있는 명목론자들은 일반명사로 된 사물들은
일반명사라는 것을 제외하고 아무런 공통점이 없다고
주장한다.

존재하는 것은 행하는 것이다.

— 소크라테스

행하는 것은 존재하는 것이다.

— 사르트르

존재나 행동이나 그게 그것.

— 시나트라

실존주의

실존주의는 개인이 의미와 목적, 합리성, 도덕이 없는 '부조리'한 우주〔p.32〕에서 어떻게 행동해야 하는지를 묻는 철학이다. 그런 우주에서 개인의 존재는 완전한 선택의 자유로 이루어진다.

개인의 선택은 인간의 본성, 과학적 또는 역사적 결정론, 도덕, 합리성 등의 일반화와 추상에 대한 언급에 제약을 받아서는 안 된다. 하지만 다른 개인과 물체의 존재를 완전히 인식한 상태에서 이루어져야 한다. '진정성'은 절대적 자유를 수용하는 데서 나오며, 절대적 자유를 부정하는 것은 '잘못된 믿음'이다. 개인은 끊임없이 선택에 직면하고 자신의 행동에 완전한 책임을 져야만 하므로 불안 상태에 빠질 수 있다.

실존주의는 특히 유럽 대륙에 큰 영향을 끼쳤다. 초기의 대표적인 실존주의 사상가는 덴마크의 철학자 쇠렌 키르케고르다. 기독교인이던 그는 개인의 선택과 헌신의 중요성을 강조하고, 부조리와 직면했을 때 믿음을 선택할 자유가 있다고 주장했다. 즉 이성을 넘는 '신앙의 도약'이다.

후기 실존주의에 영향을 끼친 또 다른 사상가로는 독일의 철학자 프리드리히 니체가 있다. 그는 종교와 과학, 형이상학 또는 합리성이 절대적 진리나 절대적 가치를 밝힐 수 있다는 주장을 거부했다. 구조나 목적이 없는 세상에서 개인은 기독교의 '노예 도덕'을 거부하고 선악을 초월하는 새로운 가치를 열망해야 한다고 주장했다. 즉 개인은 '권력에 대한 의지'를 가져야 하고 창의성을 통해 삶을 개선해야 한다는 것이다.

20세기의 대표적인 실존주의 철학자는 독일의 마르틴 하이데거다. 그는 '존재의 의미'에 심취했고 권위와 불안이라는 개념을 내놓았다. 프랑스의 대표적인 실존주의 철학자로는 소설가이자 극작가인 장 폴 사르트르가 있다. 그는 '자기기만'이라는 실존주의 용어를 처음 사용했다.

정체성

　어떤 물체나 사람이 늘 동일한 정체성을 가지는가 하는
문제는 오랜 시간을 두고 철학자들을 골치 아프게 했다.
도끼가 오래되어 손잡이를 교체했다고 해 보자. 몇 년이
지나자 머리 부분 역시 교체할 필요가 생긴다. 머리까지 갈고
나면 과연 그것이 예전과 똑같은 도끼라고 할 수 있을까?

　인간에 대해서도 비슷한 질문을 할 수 있다. 나는 30년
전과 동일한 DNA를 가졌을지라도 몸속 세포는 거의 전부가
교체되었을 것이다. 겉보기로도, 언뜻 닮은 점은 있겠지만,
30년 전과 똑같아 보이진 않는다. 견해나 생각 역시 어린
시절의 그것과 비슷하지 않다. 그렇다면 어떤 면에서 내가
30년 전의 나와 똑같은 사람이라고 할 수 있을까? 어쩌면
'실질적 자아'를 개인의 생각이나 기억, 경험을 초월해
인식하는 것은 잘못이라고 말하는 철학자들도 있을 것이다.
자아는 실체가 아니라 과정에 있는지도 모른다고 말이다.

/ Identity

의식

의식은 외부 세계뿐만 아니라 자기 자신, 머릿속에서 일어나는 일을 알아차리는 것이다. 이러한 내적 세계는 감정과 기억, 믿음, 인식, 그 밖의 정신적 사건을 포함한다. 혹자는 의식이야말로 인간을 동물과 구분하는 특징이라고 말한다. 동물도 분명히 외부 세계를 의식하고 어느 정도 자의식도 있다고는 하지만, 이에 대해서는 논란의 여지가 있다. 동물은 입력된 감각 정보를 처리하고 그에 따라 행동하지만, 인간이 자기 성찰이 따르지 않는 행동을 할 때 그를 인간적이라고 할 수는 없다.

현대 신경과학의 가장 큰 도전 과제는 의식의 물질적 토대를 찾는 일이다. 뇌의 여러 영역이 수행하는 기능이 밝혀지고 있으며, 일부 물리학자는 의식이 양자론(p.182)과 관련 있을지도 모른다고 주장했다. 그러나 의식은 주관적 경험이므로 기계적으로는 완전하게 설명할 수 없다.

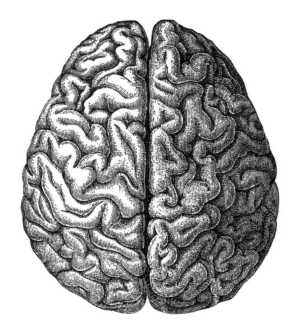

정신

우리가 '정신'이라고 일컫는 것에 관해서는 그것이 무엇인지 말하기보다 어떤 기능을 수행하는지를 설명하기가 훨씬 쉽다. 정신은 인간이 인식하고 믿고 추론하고 기억하고 느끼고 결정하는 능력이라고 정의되어 왔다. 이러한 인식, 믿음, 추론, 기억, 감정, 결정 등이 단순히 정신적 과정의 총합에 불과한지 아니면 정신 안에서 일어나는 사건들을 초월하는 별개의 무엇이 존재하는지는 철학자들을 가장 괴롭히는 질문이다.

혹자는 문제란 우리에게 정신이라는 단어가 있다는 사실에서 기인하는 환상이라고 주장한다. 지칭하는 단어가 있으니 실재적이고 고유한 것, 영혼(p.150)과 비슷한 특권적인 지위를 가진다는 것이다.

오랜 세월 동안 철학자들을 고민하게 한 정신의 본질과 관련된 사안이 또 있다. 정신은 육체와 동일한가, 아니면 다른가 하는 것이다. 이를 가리켜 '심신 문제'라고 한다.

관념론자(p.62)는 관념의 영역만이 실재하고 육체는 단순히 정신의 투영일 뿐이라고 믿는다. 반대로 유물론자(p.64)는 물질세계만이 실재하고 정신은 단지 육체의 기능일 뿐이라고 말한다. 이는 둘 다 일원론의 입장이다. 일원론(monism, '하나'를 뜻하는 그리스어 'monos'에서 유래)은 실재가 단 한 가지 유형만으로 이루어진다고 믿는 것을 가리킨다.

일원론과 반대인 이원론은 정신과 육체가 서로 다른 것이라고 주장한다. 17세기 프랑스 철학자 르네 데카르트(p.68)는 가장 유명한 이원론적 주장을 펼쳤다. 그는 정신과 육체가 별개의 실체이지만 상호작용이 가능하다고 주장했다. 20세기에 이르러 영국 철학자 길버트 라일Gilbert Ryle은 데카르트가 말한 그런 상태를 가리켜 조롱하듯이 '기계 속 유령'이라고 했다.

변화와 운동

    변화와 운동이 실재인가 환상인가에 대한 질문은 기원전 5세기에 그리스의 여러 철학자가 처음 제기했다. 특히 파르메니데스는 실재는 단 하나이며 변하지 않는다고 주장했다. 오로지 존재만이 실재이고, 모든 것은 영원한 존재 상태에 있으며 존재하지 않음은 환상이다. 변화와 운동이 일어나려면 존재가 비존재가 되어야 하는데, 이는 모순적이다. 이들의 논리에 따르면 우리는 감각 정보를 통해 변화와 운동을 감지하므로, 그러한 감각은 오로지 우리를 잘못된 길로 이끌 뿐이다. 파르메니데스의 추종자였던 엘레아의 제논은 이러한 논점을 보여 주는 수많은 역설을 고안했다.

    이런 입장에 반대한 헤라클레이토스는 실재는 흐름, 즉 끊임없는 변화와 운동으로 이루어진다면서 "똑같은 강에 발을 두 번 담글 수는 없다"라는 유명한 말을 남겼다. 모든 물체는 "상반되는 긴장의 조화"이고 그 과정 뒤에는 그가 로고스라고 부른, 인간의 이성과 유사한 구성 원리가 존재한다.

/ Change and motion

결정론

결정론은 모든 일이 원인에 따라 필연적으로 결과가 나타난다는 이론이다. 그 결과는 계속해서 다음 결과의 원인이 되어 영향을 준다. 따라서 원인과 결과는 시간과 공간을 통해 확대된다. 일부는 그것이 신의 의지, 즉 제일원인(p.48)의 현현이라고 본다. 그런가 하면 자연법칙의 필연적 결과라고 보는 시각도 있다.

과학에서 뉴턴은 중력의 법칙(p.178)을 발견함으로써 우주에 대해 완전히 기계적인 설명을 할 수 있는 토대를 제공했다. 이를 바탕으로 프랑스 천문학자 피에르 시몽 라플라스Pierre-Simon Laplace는 정신이 모든 것의 과거와 미래를 헤아릴 수 있다고 주장했다. 만약 우주에 작용하는 모든 힘에 관한 정보와 우주에 존재하는 모든 물체의 질량, 수치, 위치에 관한 정보가 함께 주어진다면 말이다.

그러나 라플라스가 활동한 시대에는 이미 의심이 생긴 터였다. 18세기 스코틀랜드의 철학자 데이비드 흄은 인과성이 논리적 타당성이 없는 정신적 습관에 불과할지도 모른다고 말했다(p.72). 그리고 20세기에는 원자보다 작은

입자 영역에서는 불확정성이 흔히 존재한다는 사실이
양자역학에서 밝혀졌다〔p. 183〕.

결정론이 자유의지〔p. 50〕를 부정하고 따라서 개인의
행동에 대한 도덕적 책임 또한 부정하는 것처럼 보인다는
사실은 윤리학에 핵심적인 문제를 제기한다. 기독교
신학의 예정설〔p. 160〕은 인간이 어떻게 행동하든 상관없이
누구에게는 구원이, 또 누구에게는 지옥이 미리 정해져
있다고 주장한다.

정치에서 우파는 자신이 처한 조건(부, 건강 등)에 대한
개인의 책임을 강조하는 반면, 좌파는 개인의 조건이 환경과
교육, 양육 같은 외부 요인에 의해 크게 좌우된다고 주장한다.

제일원인

결정론〔p.46〕의 한 측면인 제일원인론은 모든 사건에는 저마다 원인이 있고 무언가에 의해 영향을 받는데, 그 인과관계가 태초 때까지 거슬러 올라간다는 이론이다. 제일원인론에서는 원인과 결과의 무한한 퇴행적 사슬을 받아들이기보다는 가장 처음이 되는 근본적 원인이 있을 것이라고 주장한다.

아리스토텔레스는 우주가 언제나 존재했으므로 '우주를 지속시키는 원동자原動者' 또는 '부동의 원동자' 역시 존재한다고 주장했다. 그는 원동자를 순수한 사고와 비슷한 것으로 특징지었다. 아리스토텔레스의 영향을 받은 중세의 신학자 성 토마스 아퀴나스는 신의 존재에 대해 우주론적 증명이라고 불리는 것을 고안했다. 우주는 원인 없이 존재할 수 없으며 그것이 신이라는 주장이었다. 근대의 우주론은 우주가 빅뱅〔p.188〕으로 시작되었다고 주장하며 초월적인 제일원인의 필요성을 없앴다.

라파엘로의 프레스코화 〈아테네 학당The School of Athens〉에 묘사된
아리스토텔레스(오른쪽)와 플라톤.

자유의지

　자유의지는 인간이 자유로운 선택을 내려서 스스로 운명을
개척해 나가는 능력을 말한다. 이는 인간의 행동을 비롯한
모든 사건에는 원인이 있고 필연적이라는 생각과 대조된다.
따라서 자유의지론은 결정론(p.46)과 정반대인 것처럼
보이겠지만, 실제로는 그 둘이 완전히 양립 불가능한지
아닌지를 둘러싸고 활발한 토론이 이루어졌다.

　신학에서 자유의지의 개념은 전지전능하고 자비로운
신의 개념과 반대처럼 보인다. 하지만 죄의 개념은 전적으로
인간이 선과 악 중에 선택하는 능력에 달려 있다. 『성경』의
「창세기」에서 신은 아담과 이브(그리고 그들의 모든 자손)에게
해로운 선택을 하고 신에게 불복종할 수 있는 자유를 주었다.
이것은 종종 부모와 자식의 관계에 비유할 수 있다. 부모는
자식이 성장함에 따라 실수를 통해 배울 수 있도록 더 큰
자유를 허락한다.

　기독교 신학에서 신의 자비로움은 은혜라는 개념으로
구현된다. 은혜는 자격 없는 죄인에게 주는 구원의 선물이다.
이와 비슷하게, 예정설(p.160)은 누가 구원받고 누가 벌을

받는지 신이 미리 정해 놓았다는 주장으로, 자유의지와 신의
전능함을 일치시키려고 한다.

자유의지의 실재는 인간 사회에서 보편적으로 존재하는
것처럼 보일 것이다. 그것은 인간이 자신의 행동에
도덕적 책임을 진다는 생각의 토대가 되어, 모든 법체계를
뒷받침한다. 비록 대부분의 법체계는 특정 연령 이하의
아동은 범죄를 저질러도 책임을 지지 않아도 되도록 되어
있지만 말이다.

일부 철학자는 인간이 전적으로 결정론적인 우주에
살고 있음에도 자유의지를 가진 것처럼 행동하는 것이
보편적이라고 주장한다. 프랑스의 실존주의 철학자 장 폴
사르트르〔p.37〕는 상황이 전적으로 역사적·사회적 힘에 의해
결정되긴 하지만, 인간은 "자유롭도록 운명 지어졌다"라고
주장했다.

변증법

　변증법은 상반되는 두 가지 견해에 대한 논리적 토론
방식이다. 둘 중 하나를 진리라고 명명하는 것이 아니라
둘 사이의 차이를 해결함으로써 진리에 가까워지는 것이
목적이다. 변증법은 플라톤이 설명한 소크라테스 방식의
기초이기도 하다〔p.12〕.

　근대에 이르러 변증법이라는 말은 좀 더 형이상학적
의미를 갖게 되었다. 독일 철학자 헤겔〔p.63〕의 절대적
관념론에 따르면 실재와 그것에 대한 지식 사이에는
장애물이 없다. 개념들은 연속적인 모순과 해결을 통해 역사
속에서 펼쳐진다. 정립these은 그와 상반되는 반정립antithese을
만들고, 이러한 갈등 속에서 새로운 종합synthese이 나온다.
카를 마르크스〔p.260〕의 변증법적 유물론에서는 헤겔의
관념론이 거부되고 역사는 계급 간의 투쟁을 통하여
진보한다. 그리고 그 투쟁은 맹목적인 경제적 힘에 의해
좌우된다.

〈아테네 학당〉에서 변증법적 토론을 하고 있는 소크라테스(오른쪽).

인식론

인식론은 근대 철학의 주요 갈래 중 하나로 지식의 본질을 연구하는 학문이다. 고대 그리스인들은 지식과 진리, 믿음의 차이를 탐구했다. 플라톤은 지식이 형상(p.14)과 관련 있다고 보았다. 즉 형상이 오로지 이성의 행사를 통해서만 이해할 수 있는 불변의 궁극적 실재라고 본 것이다. 반면 플라톤은 감각으로 이해하는 항상 변화하는 세계는 지식보다 믿음의 대상이라고 보았다.

16세기 초에 폴란드의 천문학자 니콜라우스 코페르니쿠스에 의해 과학혁명이 시작되었다. 이는 당시 진리의 보고寶庫로 여겨지던 『성경』과 교회의 가르침을 약화시켰고, 지식 문제에 대한 새로운 접근법이 탄생하게 했다. 데카르트(p.68)의 합리적 회의주의도 그중 하나다. 데카르트는 감각의 증거를 수용할 만한 토대가 없다고 주장하면서 유일한 확실성은 자신이 스스로 생각하고 있음을 알기에 존재한다는 것을 안다는 것뿐이라고 결론지었다.

데카르트와 반대로 존 로크(p.70) 같은 경험론자들은 관념이 전적으로 감각 인상sense impressions에서 온다고 주장했다. 스코틀랜드 철학자 데이비드 흄(p.71)은 좀 더 나아가 경험에서 도출되지 않은 지식은 존재할 수 없다고 했다. 급진적 회의론자였던 그는 우리가 진리로 받아들이는 대부분은 심리적 습관의 문제라고 했다. 사실상 우리가 존재에 대해 안다고 생각하는 그 무엇도 논리적으로 사실이라고 입증될 수 없다고 말했다.

독일 철학자 이마누엘 칸트는 지식이 부분적으로 감각 인상에서 유래하기는 하지만 인간의 이해에 내재하는 기본적 형상이나 범주(시간이나 공감, 인과성 같은)에 좌우된다고 주장했다. 헤겔은 실재와 그것에 대한 지식에는 구분이 없다면서 절대적 관념론(p.63)의 관점을 내놓았다. 이에 대해서는 인식론적 문제에 대한 그 밖의 접근법들과 함께 앞으로 좀 더 자세히 살펴볼 예정이다.

진리

만약 사실에 부합한다면 '당신의 옷은 실크로 만들어졌다'는 명제는 참이다. '당신의 옷이 마음에 든다' 역시 화자가 거짓말을 하는 것이 아니라면 참일 수 있다. 첫 번째 명제는 객관적 사실을 나타낸다. 객관적 사실은 외부적 현상(객체)에 관한 것이고, 참일 수도 거짓일 수도 있다. 두 번째 명제는 주관적 사실로서 개인의 감정과 의견 또는 인식(주체)이라는 특징이 있다. 참인지 거짓인지는 증명할 수 없다.

일부 철학자는 절대적 진리가 있다고 주장하고〔예를 들어 플라톤의 '형상', p.14〕, 다른 철학자들은 진리가 상대적인 것이라고 한다〔실용주의와 도구주의, p.78〕. 그런가 하면 오로지 제일원리에 의한 추론으로만 진리에 도달할 수 있다는 주장도 있고〔합리주의, p.68〕, 경험에 의한 것만이 진리라는 주장도 있다〔경험론, p.70〕.

크레타의 예언자가 이렇게 말한 적이 있다.

"크레타 사람들은 언제나 거짓말쟁이다."*

— 「디도서」 1장 12절

* 예언자 자신도 크레타 사람이라는 데 역설이 존재한다. 옮긴이

상상

상상은 눈앞에 없는 것을 마음속에 떠올리고, 외부 세계에
존재하지 않는 것까지 생각할 수 있는 인간의 능력이다.
전자는 기억(p.352)과 중복되고, 후자는 흔히 창의성을
연상시킨다.

상상이 어떻게 실재하는지 또는 참인지, 아니 사실
또는 진리이기나 하느냐는 질문이 있을 수 있다. 붉은
백조를 상상할 수는 있지만 그런 동물은 야생에서 관찰된
적이 없다. 모든 형태의 예술(그림, 음악, 시 등)은 상상에서
나온다. 예술적 맥락에서 상상은 외부 세계에 대한 경험과
예술적 관행 및 전통에 대한 지식을 합쳐서 새로운 것을
만들어 내는 능력이라고 설명할 수도 있을 것이다. 예술은
사람들이 다양한 강도로 경험하는 실제 사물 또는 과정으로
이루어진다. 상상의 작품을 창조하는 것과 소비하는 것은
모두 실제 사건이다.

예술가가 인간사에서 수행하는 고유하고 핵심적인
역할을 강조하면서 상상이 인간의 가장 우월한 능력이라고
주장한 것이 바로 낭만주의(p.386)였다. 시인 새뮤얼 테일러

콜리지Samuel Taylor Coleridge는 상상력이 "무한한 나의 존재 속에서 끊임없이 이루어지는 창조적 행위가 유한한 정신 속에서 반복되는 것"이라고 했다. 그의 친구인 낭만파 시인 윌리엄 워즈워스William Wordsworth는 상상력을 다음과 같이 정의했다. "[…] 절대적 힘 그리고 가장 명료한 통찰, 정신의 진동, 그리고 가장 고양된 상태의 이성."

또 다른 낭만파 시인 퍼시 비시 셸리Percy Bysshe Shelley는 상상력이 "도덕적 선의 위대한 도구"라고 주장했다. 어쩌면 상상력과 공감을 동일시한 듯하다.

워즈워스는 이성이 상상에 무언가 역할을 한다고 보았지만, 낭만주의의 유산은 주로 상상을 이성이나 과학에 대립시켰다. 그러나 뉴턴이 땅에 사과가 떨어지는 것을 지구가 태양 주위를 도는 것에 비유한 것처럼 역사상 가장 중요한 과학적 혁신은 비약적인 상상을 통해 이루어졌다.

관념

'관념'이라는 단어는 다양한 의미를 가진다. 정신이 담고 있는 어떤 내용물, 특정 사물에 대한 생각이나 심적 표상, 무언가를 하려는 계획이나 의도, 무언가의 일반적 특성, 즉 개념이나 범주 등을 나타낼 수 있다.

플라톤은 실재가 형상 또는 이데아(p. 14)라는 비물질적 보편자로 이루어진다고 했다. 그것들은 정신의 바깥에 있지만, 관념론 철학자(p. 62)들은 정신 내면에서 발생하는 관념과 분리되는 외부적 실재는 존재하지 않는다고 본다. 합리주의자(p. 68)들은 우리가 특정 관념을 지니고 태어나며 거기에서 모든 지식을 이끌어 낸다고 보는 반면, 경험주의자(p. 70)들은 선천적인 관념을 거부하고 외부 세계의 경험을 통해서만 정신이 관념을 얻을 수 있다고 믿는다. 도구주의자(p. 78)들은 관념이 현실적 문제를 다루는 도구에 불과하다고 여긴다.

관념론

철학에서 관념론은 실재가 정신과 별개로 존재할 수 없으며 정신적 범주와 구성물을 통해서만 알 수 있다는 이론이다. 이는 실재가 오직 한 가지 유형의 실체, 즉 정신으로만 이루어진다는 일원론이다. 정신과 물질이 서로 다른 존재라고 보는 이원론(p.43)과 반대된다.

관념론은 유물론과도 대조를 이룬다. 유물론 역시 일원론으로, 물질이 유일한 실재이고 정신이나 감정 등은 물질의 기능이라고 믿는다. 또한 관념론은 사물을 있는 그대로, 정신과 별개로 바라보는 사실주의와도 반대된다.

일반적으로 아일랜드의 철학자이자 성직자인 조지 버클리George Berkeley가 최초의 관념론 철학자라고 불린다. 그의 주관적 관념론은 우리가 자각하는 것만이 실체라는 주장을 담고 있는데, 한마디로 "존재하는 것은 지각되는 것이다Esse est percipi"라는 명제로 요약할 수 있다. 자각할 수 있는 것만이 실체이며 우리가 자각하는 것은 오로지 정신에 존재하는 관념이다.

독일 철학자 이마누엘 칸트의 선험적 관념론은 현상과

실재를 구분한다. 칸트는 현상은 표상일 뿐 물자체物自體가
아니라고 보았다. 나아가 그는 시간과 공간은 "인간의 정신적
구성물이지, 스스로 존재하는 규정도 아니고 물자체로
여겨지는 사물의 조건도 아니다"라고 했다.

관념론의 세 번째 갈래는 독일 철학자 헤겔이 발전시킨
절대적 관념론이다. 절대적 관념론은 의식과 대상의 차이를
해체하여 '절대정신'이라는 개념을 탄생시킨다. 절대정신은
완벽하고 완전한 실재가 자리하는 보편적 정신이다. 이처럼
대담한 형이상학적 주장은 회의론을 불러일으켰다. 그래도
관념론의 성향은 현상학(p. 82)이라는 철학적 접근법에 계속
남아 있다.

유물론

철학에서 유물론은 그 무엇도 물질과 떨어져서 존재하지 않는다는 이론이다. 정신 자체를 전적으로 물질적 측면으로만 설명할 수 있다. 역사도 마찬가지다. 예를 들어 카를 마르크스(옆쪽)는 역사가 맹목적인 경제적 힘의 결과라고 보는[p.260] 변증법적 유물론을 창시했다. 즉 유물론은 관념론[p.62]의 반대다.

최초로 유물론을 이용해 실재를 설명한 사람은 그리스 철학자 데모크리토스였다. 그는 세계가 눈에 보이지 않는 입자인 원자로 이루어진다고 말했다. 인류 역사상 거의 초기에 나온 과학적 이론이었다. 과학이 발달하면서 물질계가 물질뿐만 아니라 장field과 힘으로 이루어졌다는 사실이 밝혀지자, 유물론 철학자들은 과학적 방법[p.162]으로 연구할 수 있도록 실재의 정의를 조정해야만 했다. 이는 실증주의[p.66]에 가깝다.

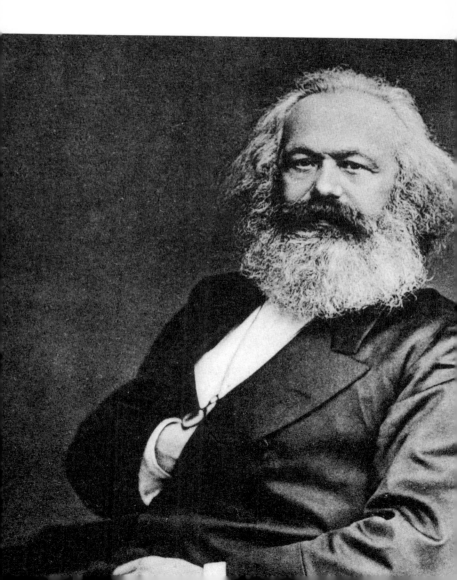

실증주의

실증주의는 프랑스 철학자 오귀스트 콩트가 창시하고 이름 붙인 철학이다. 그는 인간 사회가 신학적 단계, 형이상학적 단계, 과학적 또는 실증적 단계라는 3단계를 통해 발전해 왔다고 했다. 과학의 위계 서열을 정하기도 했는데, 수학을 기초에 놓고 그 위로 점점 복잡해지는 물리학, 화학, 생물학, 사회학 순으로 배치했다. 그는 직접 이름 붙인 사회학이 과학적인 학문이 되기를 바랐다.

실증주의는 경험의 범위를 넘어 추측이 이루어진다는 이유로 신학과 형이상학의 토대를 거부한다. 따라서 제일원인(p.48)이나 목적(p.30) 추구가 무의미하다고 여긴다. 실증주의자들은 참된 지식은 감각적 정보, 즉 과학적 실험과 관찰에서 도출한 것으로 제한된다고 말한다. 따라서 실증주의는 유물론(p.64)과 경험론(p.70) 모두와 관련 있다.

과학이 서양의 지적 생활에서 핵심적인 역할을 차지하기 시작한 19세기에, 실증주의자들은 과학의 가정과 방식에 대한 비판적 검토로 옮겨 갔다. 그들은 실험과 관찰에 비해 과학 이론과 관념을 의심했다. 과학 이론이 절대적 진리라는 주장을 불신했고, 예측할 수 있을 때만 유용하다고 주장했다〔실용주의와 비슷한 관점, p.78〕. 설명 자체가 실험 자료와 관찰을 조직하는 하나의 방식에 불과하다고 보았다.

실증주의자들은 관찰할 수 있어야 한다는 점을 고집한 결과, 원자의 개념을 '편리한 허구'라고 일축해 버리는 덫에 빠졌다. 마찬가지로 그들은 연속으로 관찰된 사건에서 나타나는 규칙성을 선호했고 인과성〔p.72〕에 대해서는 회의적이었다.

20세기 들어 실증주의자들은 논리와 언어에 더 초점을 맞추기 시작해 논리실증주의〔p.80〕를 탄생시켰고, 분석철학 또는 언어철학에 수렴되었다〔p.94〕.

합리주의

철학에서 '합리주의'라는 말은 프랑스 철학자 데카르트가 주장한 접근법과 방식을 나타낸다. 데카르트는 '나는 어떻게, 무엇을 아는가?'라는 질문으로 시작했다. 자신의 감각에 의해 제공되는 외부 세계의 증거까지 포함하여 모든 것을 의심하는 것이 그의 방식이었다. 그러한 증거를 참이라고 받아들여야만 하는 합리적이고 반박할 수 없는 이유가 없다고 주장했다. 그에게 남은 유일한 확실성은 자신이 생각하고 있다는 사실을 스스로 안다는 것뿐이었다. 즉 "나는 생각한다. 고로 존재한다Cogito ergo sum"이다.

그는 이러한 확실성에서 신을 포함한 모든 존재를 설명하는 방법을 찾으려고 했다. 다시 말해 제일원리를 이용한 합리적 연역법을 추구했다. 그 과정에서, 정신과 물질이 서로 완전히 다른 존재이지만 상호작용한다는 이원론(p.43)을 만들었다. 하지만 물질계의 관찰을 고려하지 않고 일반적 원칙에서 구체적 결론에 이르는 그의 방식은 경험론자(p.70)들에게 반박당했다.

데카르트는 인체의 원리를 수학적이고 기하학적 원리로 추론할 수 있다고 믿었다.

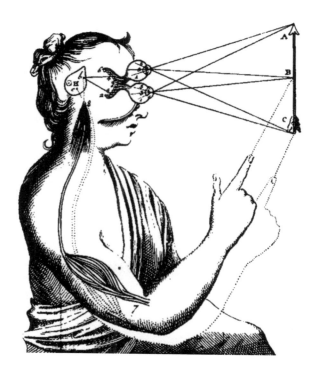

경험론

경험론은 궁극적으로 모든 지식이 경험(그리스어로 'empeiria')에서 나온다는 철학 이론이다. 즉 지식이 감각에 의해 제공되는 외부 세계의 증거로부터 비롯된다는 것이다. 경험과는 별개이지만 정신의 본질이나 구성물에서 나오는 선천적인 프리오리priori, 즉 선험적 개념은 존재하지 않는다. 경험에서 도출되는 포스테리오리posteriori, 즉 경험적 개념만이 타당성을 지닌다. 따라서 경험론은 합리주의(p. 68)와 반대다.

영국 철학자이자 정치가인 프랜시스 베이컨은 과학에서 경험적 방식을 옹호한 최초의 인물 가운데 한 명이다. 그는 물질계에서 관찰되는 일들로부터 일반적인 이론을 이끌어 내는 귀납법을 옹호했다. 이 접근법은 아이작 뉴턴에 의해 타당성이 입증되었는데, 뉴턴은 수학을 이용해 관찰로부터 운동과 중력의 법칙을 이끌어 냈다(p. 178).

역시 영국 출신인 존 로크는 베이컨의 전통을 따랐고 흔히 최초의 경험주의 철학자로 여겨진다. 그는 『인간 오성론An Essay Concerning Human Understanding』(1690)에서 선천적 관념은 존재하지 않는다면서 데카르트의 합리주의를 묵살했다.

인간이 태어날 때 정신은 타불라 라사tabula rasa, 즉 백지상태(빈 서판, blank slate)이고 우리가 가진 지식은 경험을 통해 감각으로 습득한 것뿐이라고 주장했다.

다음 세기에 등장한 스코틀랜드의 철학자 데이비드 흄은 합리주의를 거부하고 회의적인 심리적 접근법을 선호하면서 인간의 행동과 사고방식을 다시 살폈다. 흄은 인간은 이성보다 욕망에 의해 움직이며 기억과 상상 같은 처리를 통한 인상에서 관념이 도출된다고 결론지었다. 인간의 사고방식은 관습에 좌우되고, 도덕적 판단은 추상적인 도덕 법칙을 토대로 하며, 인과성〔p.72〕같은 개념은 단순히 정신적 습관에 불과하다고 주장했다.

인과율

세계에 대한 인간의 인상은 대부분 인과율을 토대로 한다. 인과율은 원인이 가차 없이 결과로 이어진다는 관념이다. 결정론자〔p.46〕들은 과거에 존재했고 현재 존재하며 앞으로 존재할 모든 것이 이런 식으로 연결되어 있다고 생각한다. 원인은 이성과 구분될 수 있다. 어떤 행동에 이유를 댄다면 동기를 설명하는 것이고, 믿음에 이유를 댄다면 합리화를 하는 것이다.

과학은 주로 원인과 결과의 관계를 토대로 한다. 하지만 회의적인 스코틀랜드 철학자 데이비드 흄은 반복된 관찰로 얻은 일반적인 법칙(예컨대 손가락으로 찌르기)에서 또 다른 법칙을 이끌어 내는 것(예컨대 통증을 느낌)은 논리적으로 절대적인 확실성이 아니라고 했다. 우리가 이야기할 수 있는 것은 '지속적인 결합'뿐이다. 양자물리학과 불확정성 원리〔p.183〕로 과학은 스스로 인과율의 한계를 인정해야만 했다.

회의주의

　회의주의는 '탐구하는 사람'을 뜻하는 그리스어 '스켑티코스skeptikos'에서 유래했는데, 가정과 기존의 확실성을 의심하는 철학적 태도를 말한다. 온건한 회의주의자는 진실을 밝히기 위해 특정한 지식에 질문을 던진다. 그리고 극단적인 회의주의자는 절대적인 지식이란 결코 존재할 수 없다고 여긴다.

　회의주의는 서양철학에서 중요한 부분을 차지한다. 기원전 5세기에 파르메니데스를 비롯한 이들은 변화와 운동〔p.44〕의 실재에 의심을 던졌다. 피론Pyrrhon은 한발 더 나아가 모든 확실성을 부정해야만 평정심을 가질 수 있다고 했다. 그 밖의 고대 회의론자들은 사실인 것과 그렇지 않은 것을 구분하는 기준을 세울 수 있는지 질문했다. 일부는 가능성의 균형을 태도로 결정할 수 있다고 결론지었다.

　회의주의가 중세의 기독교 사상에 큰 역할을 하지는 않았지만, 종교개혁과 과학혁명을 통해 로마가톨릭교회가 주장하는 확실성에 질문이 가해지기 시작했다. 17세기에 데카르트는 회의론을 이용해 확실성〔p.68〕을 다시 규명했다.

하지만 존 로크(p.70) 같은 경험주의자들은 감각을 신뢰할
수 있는지에 대한 데카르트의 의심이 비합리적이고 상식에
어긋난다고 했다.

　18세기에 데이비드 흄은 경험주의자이면서도
인과율(p.72)을 비롯한 여러 관념에 극도의 회의주의적
입장을 보였다. 이성 역시 피해 갈 수 없었다. 흄은
연역법으로도, 귀납법(pp.86, 87)으로도 진리를 규명할 수
없다고 했다. 세계에 대한 믿음은 이성이나 증거가 아니라
관습과 습관에서 비롯된다고 주장했다. 흄은 자아와
외부 세계, 심지어 신의 존재를 믿는 것은 자연스러운
일이지만 믿음을 정당화하는 증거가 충분하지 않다고 했다.
상식(p.76)에 호소하는 것은 단순히 쟁점을 피해 가는 것이다.

상식

철학자들이 도달한 좀 더 도전적인 관점 중 다수가 '상식'을 거스른다는 이유로 비판받았다. 상식은 우리가 외부 세계를 직접적으로 인식하고 우리가 보는 것이 있는 그대로임을 말해 준다. 한 예로 상식은 궁극적 실재는 감각을 통해 이해할 수 없다는 플라톤의 주장(p.14)을 반박하는 데 사용된다.

외부 세계와 인간 영혼의 존재에 관한 한 극단적인 데이비드 흄의 회의주의(p.75)는 상식파의 창시자인 스코틀랜드의 토머스 리드Thomas Reid에게 맹렬한 비난을 받았다. 리드는 "시대와 국가, 학습한 자와 학습하지 않은 자의 합의에 따라" 외부 세계와 영혼의 존재가 자명하다는 근거를 내세웠다. 이것은 근거가 되긴 어렵고 단지 전통과 분별없는 선입견에 권위를 부여할 뿐이다. 현상은 기만적일 수 있다. 어쨌거나 지구가 평평하고 태양이 지구 둘레를 돈다는 것도 상식이었으니 말이다.

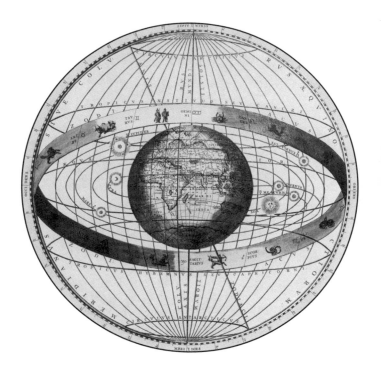

실용주의와 도구주의

실용주의는 19세기 말에 미국에서 일어난 철학 운동이다. 미국 심리학자이자 철학자인 윌리엄 제임스William James는 말했다. 실용주의자는 "모호함과 불충분함, 언어적 해결책, 나쁜 선험적 이유, 고정된 법칙, 폐쇄적 체계, 겉치레에 불과한 절대적 요소 등을 외면한다. 실용주의자는 구체성과 적합성, 사실과 행동을 향해 나아간다."

실용주의는 제임스의 친구인 미국 출신 철학자 C. S. 퍼스C. S. Peirce가 창시했다. 퍼스는 1878년에 '실용주의의 격률'이라는 것에 대해 처음 말했다. "인식 대상이 실용적으로 어떤 중요한 영향력을 가지는지를 고려하라. 그 영향에 대한 인식이 바로 대상에 대한 인식이다." 다시 말해서 명제의 참은 오로지 실용적 결과에 의해서만 판단할 수 있다는 뜻이다. 유럽 전통의 형이상학적 사변은 의미가 없다고 일축되었다. 그것이 참인지 거짓인지는 인간사에 실용적인 영향을 끼치지 않기 때문이다.

미국 철학자이자 교육자인 존 듀이John Dewey는 실용주의를 이른바 도구주의로 발전시켰다. 도구주의는 모든 과학적

이론의 가치는 그 진리가 아니라 이를테면 예측하기와 같은
유용성에 있다는 주장이다. 듀이는 일상의 경험과 과학적
탐구를 통해 직면하는 것 이외에는 실재가 없다고 주장했다.
그리고 교육이 문제 해결 방향으로 나아가야 한다는 관점을
옹호했다.

윌리엄 제임스는 실용주의적 접근법을 윤리적 법칙과
종교적 믿음으로까지 확장했다. 그러한 법칙이나 믿음은
개인의 행복감을 높여준다든지 유용성이 증명되어야만
'참'이라고 주장했다. 그러나 참인 믿음을 유용한 믿음과
동일시하는 제임스의 사상은 지금까지 여러 철학자에게
비판받았다. 유용하지만 명백한 거짓인 믿음도 있다는
것이다. 실용주의가 미국의 전형적인 성공 지향적 접근법일
뿐, 어려운 철학적 질문은 무시한다고 비난하는 시각도 있다.

논리실증주의

논리실증주의는 1920년대에 오스트리아 빈에서 시작된
철학 운동이다. 오로지 과학적 지식만이 사실이며 기본적
관념과 주장을 분명하게 밝히는 것이 철학의 역할이라는
견해다. 따라서 '존재란 무엇인가'나 '선이란 무엇인가'
같은 형이상학, 윤리학, 미학에서 나온 질문들은 모두
무의미하다고 본다. 참인지 거짓인지 증명할 수 없는
답변들도 마찬가지다.

이처럼 논리실증주의는 의미가 있어야만 타당한 명제라고
주장한다. 타당한 명제가 되는 데는 두 가지 방법이
있다. 하나는 경험적 검증을 통해서다. '이 돌의 질량은
10킬로그램이다'라는 명제는 돌의 무게를 측정해 봄으로써
타당해질 수 있다. 둘째, '참새는 새의 한 종이다'라는 명제는
문장에 사용된 단어의 정의와 문법 구조를 검증해 보면 된다.
나중에 철학자들은 논리실증주의가 지나치게 제한적이라는
사실을 깨닫고 좀 더 미묘한 언어와 의미 이론을 고안했다.

논리실증주의는 '참새는 새의 한 종이다'와 같은 명제를 문법과 정의로 검증한다.
예를 들어 '참새는 무엇인가?', '새는 무엇인가?', '종은 무엇인가?' 등이다.

현상학

현상학은 어떤 현상을 별개로 존재하는 사실이나 사건이 아닌 인식의 객체로써 조사하는 철학적 접근법이다. 존재와 인과율에 대한 이론은 피하고 인간이 세상에 대해 생각하고 해석하는 방식을 살펴본다.

현상학은 20세기 초에 독일 철학자 에드문트 후설이 창시했다. 후설은 의식과 의식 안에서 일어나는 현상 구조를 살펴보고자 했다. 그러한 접근법이 과학적 지식을 포함해 모든 지식의 탄탄한 토대를 만들 수 있다고 믿었다.

그 후 현상학은 특히 독일과 프랑스에서 20세기 철학의 중요한 갈래가 되었다. 후설의 사상은 마르틴 하이데거, 장 폴 사르트르(p.37) 같은 실존주의자를 포함하여 많은 철학자와 사회학자들에 의해 발전되고 또 비판받았다.

현상학은 일종의 관념론(p.62)으로 볼 수 있다. 현상학자들은 세상에는 직접적인 지식과 간접적인 지식의 두 가지가 있다고 주장했다. 우리는 본질, 즉 '파란색'이나 '공' 같은 보편적 특징은 직접적으로 알 수 있다. 그런 본질은 단 한 번의 정신 활동만으로도 전체를 파악할 수

있다. 하지만 인식의 객체(예컨대 파란색 공)는 그것의 '측면'을
통해서만 간접적으로 알 수 있다. 예를 들어 한 번에 공의
절반만 볼 수 있고 측면에서 빛이 들어오면 그림자가 져서
공의 파란색이 여러 색조를 띤다. 이러한 이해의 형태는
간접적 지식이다.

　반대로 파란 공을 보는 행위나 맛있는 식사에 대한 기억
같은 정신적 행동은 측면이 아닌 전체로 안다. 따라서
의식과 의식의 대상은 본질과 마찬가지로 직접적 지식이다.
현상학자들은 정신 활동의 본질을 연구하는 것이 중요하다고
강조하면서 경험주의 과학을 멀리한다.

그 밖의 정신 관련 문제

철학자들을 (그리고 특정 나이 때의 호기심 많은 아이들을) 곤란하게 하는 질문이 있다. 다른 사람도 정신이 있다는 것을 어떻게 알 수 있을까? 자신에게 의식과 생각, 감정이 있다는 것은 스스로 알 수 있다. 빨간색을 빨간색으로 인식하고 살이 불에 닿으면 통증을 느낀다. 하지만 다른 사람들도 그런지 어떻게 알 수 있을까? 내가 관찰할 수 있는 것은 타인의 외적 행동뿐이다. 그들이 의식 없는 좀비가 아니라는 사실을 어떻게 확신할 수 있을까?

물론 상식적으로는 쓸데없는 걱정일 뿐이다. 하지만 타인의 정신이 존재함을 확인할 수 있는 확실한 방법이 없는 것은 사실이다. 최선의 방법은 유추를 통한 논증이다. 타인들이 어떤 자극에 대해 나와 똑같이 반응하고 그들의 심리와 행동이 나와 비슷한 사례를 다수 보면서 우리는 그들 역시 정신을 가지고 있다고 믿는 것이 정당하다고 여긴다.

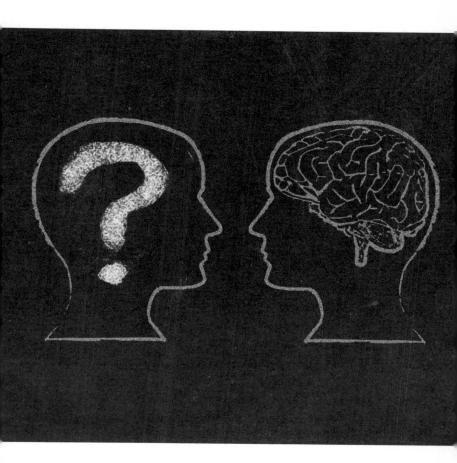

논리와 논쟁

논리는 주장이 선인가 악인가, 즉 타당한가 아닌가에 초점을 맞추는 철학의 한 분야다. 논거의 내용이 아니라 형식적 특성과 구조에 관심을 기울인다.

어떤 주장이 타당하려면 수용된 토대(전제)로부터 요점(결론)을 설명 또는 입증해야 한다. 만약 전제는 수용하지만 결론을 부정한다면 일관성이 없을 것이다. 전제 자체는 기존 주장의 결론이나 정의 등 경험적 관찰로 밝힐 수 있다. 하지만 그것들이 결론에 좌우되어서는 안 된다. 그러면 순환논증에 빠질 수밖에 없을 것이다.

'날개가 있는 모든 동물은 날 수 있다. 돼지는 날개가 있다. 따라서 돼지는 날 수 있다'라는 주장은 전혀 말도 되지 않는 것처럼 보일 수 있다. 그런데 두 전제나 결론 모두 사실이 아님을 알지만, 형식적으로 볼 때는 타당한 주장이다. 만약 두 가지 전제를 수용하고도 결론의 진리를 부정한다면 결국 모순이 된다. 이 주장에서 사용된 논증은 일반적인 원칙에서 출발하여 특정한 진리에 이르는 연역법이다.

주장을 하는 또 다른 유형으로는 여러 가지 사실로부터

일반적인 원칙에 도달하는 귀납법이 있다. 예를 들어 '하얀색이 아닌 백조를 본 사람은 아무도 없다. 따라서 모든 백조는 하얀색이다'가 귀납적 논증이다. 이는 몇 세기 동안 이성적인 주장으로 여겨졌다. 그런데 오스트레일리아에 처음 정착한 유럽인들이 그곳에서 검은 백조를 발견했다.

귀납 논증은 연역 논증과 똑같은 방식으로는 절대로 타당할 수 없다. 결론이 전제에 내포되어 있지 않기 때문이다. 전제는 오로지 결론이 사실일 가능성이 뒷받침되어야 증거를 제공할 수 있다. 하지만 우리가 현실에서 취하는 행동과 결정의 대부분은 귀납법에 의해 이루어진다. 과학〔p.162〕도 마찬가지다.

이상에서 요약한 전통적인 논리학은 '형식논리학'이라고 알려진 것이다. 20세기 초반 이후로는 수학에 가까운 '기호논리학'이 주로 발전했다.

삼단논법

　'형식논리학'이라고 불리는 전통 논리학은 삼단논법이라고 하는, 세 부분으로 이루어진 주장을 토대로 한다. 삼단논법은 세 가지 명제로 이루어진다. 바로 두 가지 전제와 그 둘로부터 도출된 결론이다. 예를 들자면 이렇다. '모든 그리스인은 인간이다. 모든 인간은 죽는다. 따라서 모든 그리스인은 죽는다.'

　세 가지 명제는 다음 중 어느 형태든지 될 수 있다. '모든 X는 Y다', '어떤 X도 Y가 아니다', '어떤 X는 Y다', '어떤 X는 Y가 아니다.' 하나의 삼단논법에는 세 가지 용어가 있다. 그중 하나인 '중명사(middle term, 오늘날에는 '매개념'이라고 부른다. 옮긴이)', 예컨대 '백조'는 두 전제 속에 나타난다. 두 번째인 '하얀색'은 전제 중 하나와 결론에 나타난다. 세 번째인 '새'는 결론과 또 다른 전제에 나타난다.

　결론의 첫 번째 용어(주어)는 '소개념'이라고 하고, 그것이 포함된 전제를 '소전제'라고 한다. 결론의 두 번째 용어(술부)는 '대개념'이라고 하고, 그것이 포함된 전제를 '대전제'라고 한다.

어떤 백조는 하얀색이다.
어떤 새는 백조다.
따라서 어떤 새는 하얀색이다.

범주의 오류

많은 철학자가 어떤 상태나 개념을 부여할 수 있는 기본적인 범주 목록을 만들고자 시도해 왔다. 그러한 범주는 더는 단순화할 수 없도록 되어 있다.

예를 들어 아리스토텔레스는 물질과 양, 수, 관계 등이 포함된 열 가지 범주를 만들었다. 독일의 철학자 이마누엘 칸트〔p.63〕는 시간과 공간, 사물, 성질, 단일성, 다수성 등 정신이 실제로 이해할 수 있는 열두 가지 기본 범주를 내놓았다.

철학자들이 보편적으로 받아들인 기본 범주 목록은 없다. 하지만 그들은 한 범주에 속하는 무언가가 다른 범주에도 속하는 것처럼 표현되거나, 오직 다른 범주에만 속할 수 있는 성질이 한 범주에 속하는 무언가인 것처럼 표현하는 것이 실수라는 데에는 뜻을 같이했다. 예를 들어 냄새가 음악에 속한다고 하거나 감정이 돌에 속한다고 한다면 말이 되지 않는다. 물론 은유적인 표현이 아니라면 말이다.

시는 문자 그대로는 말이 되지 않는 비유적 언어로 가득하지만 그래도 의미가 있다. "하늘의 무지개를 볼 때마다

내 가슴은 뛰누나"라는 표현에서 설렌다는 의미를 쉽게 알 수 있다. 물론 그의 가슴은 제자리에 그대로 있고 말이다.

하지만 시를 제외하고 지적인 토론에서 명백한 문제와 어려움이 발생하는 이유는 범주의 오류 때문이라고 할 수 있다. 이 말은 영국 철학자 길버트 라일이 『정신의 개념The Concept of Mind』(1949)에서 처음 사용했다. 라일은 저서에서 옥스퍼드 대학을 방문한 사람을 예로 들어 설명했다. 옥스퍼드를 방문해 단과대학college과 도서관 등을 둘러본 사람이 "대학university은 어디 있나요?"라고 했다는 이야기다.

라일은 나아가 데카르트의 이원론〔p. 43〕을 범주의 오류라고 비판했다. 앞서 살펴봤듯이 데카르트는 육체와 정신을 각각 물질적이고 비물질적인 서로 다른 실체로 봤다. 이에 대해 라일은 정신에 실체를 적용하는 것이 실수이며, 정신은 육체의 지적 행동에 지나지 않는다고 주장했다.

역설

철학자들이 고안한 역설은 우리의 언어 사용이나 사고방식의 부적당함을 드러내기 위한 자기모순적인 진술이다. 철학이 아닌 다른 분야에서 논의된 사례로는 제논의 역설〔p.44〕 중 아킬레스의 역설(앞서 출발한 거북이를 아킬레스는 결코 따라잡을 수 없다는 역설. 옮긴이)과 거짓말쟁이의 역설〔p.57〕이 있다.

매우 도전적인 역설은 앞서 언급한 예와 마찬가지로 고대 그리스 시대에 나온 '무더기 역설'이다. 이 역설은 모래 알갱이 하나는 무더기가 아니며 모래 알갱이 둘, 셋, 넷도

마찬가지라는 주장을 담고 있다. 그렇다면 모래 알갱이를 얼마나 더해야 무더기라고 할 수 있을까? 무더기 역설은 여러 가지 의미를 포함하고 있다.

낙태에 관한 논쟁을 예로 들어 보자. 처음에는 세포의 집합일 뿐인 태아를 언제부터 인간이라고 할 수 있을까? 이런 유형의 역설은 어떤 것이 다른 것으로 되는 단 하나의 확실한 시점이 없는 연속체의 성질을 가르쳐 준다.

무더기 역설의 변형: 머리카락이 어느 정도 없어야 대머리라고 할 수 있을까?

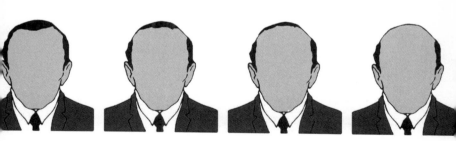

언어와 의미

근대 철학에서 가장 중요한 가닥의 하나는 바로
언어철학이다. 언어의 본질과 우리가 언어를 실제로
사용하는 방식을 설명하려는 많은 노력이었다. 결과적으로
철학자들이 과거에 내놓은 여러 이론은 언어의 원리에 대한
오해에서 도출되었음이 밝혀졌다.

전통적으로 철학자들은 단어의 의미가 단순히
'지시체reference'라고 생각했다. 즉 해당 단어가 상징하는
바라는 것이다. 이러한 견해가 통하는 경우도 많지만 실제로
존재하지 않는 것일 때는 문제가 된다. '유령'이라는 단어가
있다고 해서 그것이 실재한다는 뜻은 아니다. 이러한
덫은 플라톤으로 하여금 '말'이나 '동그라미', '선' 같은
일반명사가 추상적이고 비물질적인 형태로 존재한다고 믿게
했다(p.14).

19세기 말에 독일 철학자 고틀로프 프레게Gottlob Frege는
단어에는 지시체뿐만 아니라 "뜻sense"도 있다고 주장했다.
서로 다른 단어의 지시체가 똑같지만 뜻은 다를 수 있다는
이야기였다. 예를 들어 엘튼 존Elton John과 레지널드

드와이트Reginald Dwight라는 이름은 둘 다 같은 사람을
가리키지만, 전자는 유명 인사이고 후자는 일반인이다.

    20세기에 등장한 논리실증주의자들은 경험적 검증이나
사용된 단어의 정의, 문법적 구조를 통해 타당함이 증명될
수 있는 진술만이 의미가 있다고 주장했다〔p. 80〕.

    지대한 영향력을 끼친, 오스트리아의 철학자 루트비히
비트겐슈타인은 단어나 표현의 의미가 그것을 사용하는
데서 좌우된다는 새로운 접근법을 제안했다. 즉 사회적
관습에 달려 있다는 뜻이다. 인간의 '언어 게임'은 맥락에
따라 달라진다. 예를 들어 시에서 의미가 있는 진술일지라도
과학 논문에서는 전혀 말이 되지 않을 수 있다. 언어와
의미에 대한 비트겐슈타인의 접근법은 철학 분야에 막대한
영향을 끼쳤음이 증명되었다.

언어와 사고

사고는 어느 정도까지 언어에 좌우될까? 언어 없이 생각할 수 있을까? 이 질문에 대한 답은 사고와 언어의 의미에 달려 있다. 미래의 일을 계획하는 것은 '사고'에 해당하는 것처럼 보인다. 오늘 저녁에 무엇을 먹을까 하는 계획은 전적으로 시각적 이미지로 이루어진다. 이국적인 음식이어서 이름을 기억할 수 없을 때는 더욱 그렇다.

수학이나 기호논리학이 '언어'라고 가정할 때 연역적 추론은 언어를 필요로 하는 것처럼 보인다. 그렇다면 음악은 어떨까? 작곡가들은 선율과 화음, 리듬이라는 '언어'를 이용해서 곡을 만든다. 머릿속으로 어떤 곡조를 떠올릴 때 바로 그 언어를 사용한다. 하지만 학습은 사고의 형태이고 특정한 경험에서 일반적인 원칙을 이끌어 내는 경우(귀납법)가 많다. 예를 들어 신생아나 실험용 쥐에게는 학습이 언어 없이 가능한 일이다.

윤리학

　도덕학이라고도 하는 윤리학은 도덕적 용어와 도덕적
판단 기준의 의미를 찾고자 하는 학문이다. 이를 옳고
그름을 정하는 도덕적 가르침 (p.100)과 혼동해선 안 된다.
그러나 실제로 철학자들이 언제나 둘을 분명하게 구분한
것은 아니었다. 인권, 처벌, 의약 등 여러 분야에서는
윤리적 사안에 대한 논쟁이 실제적인 의사 결정의 길잡이로
활용된다.

　고대 그리스의 플라톤과 아리스토텔레스는 '좋은 삶good
life'에 대해 정의하고자 했다. 두 사람 모두 이를 행복과 연결
지었는데 행복은 절제와 용기, 경건함, 정의 같은 덕목을
추구하는 삶에서 온다고 했다. 이러한 덕목을 추구해야 하는
이유는 행동의 가장 좋은 길잡이가 되기 때문이다. 플라톤은
'선'이 일상적인 세계를 벗어난 추상적 형태 (p.14)라고 한
반면, 아리스토텔레스는 덕이 인간에게 자연스러운 것이라고
보았다.

　유럽의 중세시대에 성 토마스 아퀴나스는 아리스토텔레스
윤리학과 기독교 신학을 통합하고자 했다 (p.136). 그는

신이 인간을 본성의 자연법칙을 따르도록 설계했으며 그 자연법칙이 신법神法과 일치한다고 주장했다.

이는 플라톤이 처음 제기했던 다음의 질문을 떠올리게 한다. 선은 신이 명한다는 이유만으로 선한가, 아니면 선이 선하기 때문에 신이 명하는가? 만약 전자라면 선을 추구하는 것이 도덕적이라고 할 수 있는가? 후자라면 애초에 왜 신이 개입하는가?

근대에 이르러 가장 중요한 토론은 바로 목적과 수단에 관한 것이다. 의무론은 어떤 행동이 올바른지는 결과와 상관없이 개인의 의무에 따른 것인지로 판단해야 한다는 입장이다. 18세기에 이마누엘 칸트는 '거짓말하지 말라'나 '살인하지 말라' 같은 명령을 정언명령(p.119)이라고 했다. 어떤 상황에서든지 절대적으로, 무조건 지켜야만 하는 원칙이다. 반면 공리주의(p.116) 같은 결과주의 이론에서는 전적으로 또는 대체로 결과를 보고 행동을 판단한다.

도덕

'도덕'이라는 말은 무엇이 선이고 무엇이 악인지에 대한 믿음 체계를 가리킨다. 또한 도덕적 행위의 전통적인 기준에 순응한다는 뜻이기도 하다. 그러한 기준을 고의로 어기는 것을 가리켜 '부도덕immoral'이라고 하고, 무지하거나 선악에 대한 의식이 없어서 따르지 않는 것은 '무도덕amoral'이라고 한다.

도덕은 행동에 대하여 서로 책임을 지고 일련의 가치 체계를 설정해 놓은 사람들로 이루어진 공동체 모습을 취한다. 여러 문화권에서 도덕 원칙은 신이 정한 것이라고 여겨진다. 따라서 도덕은 권위에의 복종으로 이루어진다. 일반적으로 법은 도덕을 실행하는 수단으로 여겨지는데, 어떤 법이 공정한가에 대해 의견이 항상 일치하지는 않는다. 무엇이 도덕적인가에 대한 관점은 사회마다 다르지만〔p.334〕, 인권〔p.292〕처럼 문화적 차이를 초월하는 것이 존재한다는 주장도 있다.

영국의 화가 윌리엄 호가스William Hogarth의 〈산업과 나태함Industry and Idleness〉.
부도덕의 결과를 경고한다.

선

우리는 언어를 사용하는 방식 때문에 오해에 빠지는 일이
종종 있다. 다양한 방식으로 사용되는 '좋다good'라는 단어가
한 예다. 가장 흔하게는 '좋은 사람', '좋은 행동', '좋은 영화',
'좋은 자동차' 등 형용사로 사용된다. 표면적으로는 우리가
'좋다'라고 지명하는 모든 것이 '선한' 특징을 가지고 있는
것처럼 보인다.

하지만 그런 것들의 내적 특성에는 공통점이 전혀 없다.
어떤 사람이나 행동에 대해 좋다고 말하는 것은 도덕적
판단이다. 좋은 영화라는 말은 미학적 판단이고 좋은
자동차는 기능성이나 편리함, 경제성 같은 요소를 칭찬하는
것이다.

그러나 외적 특성에는 공통점이 있을 수 있고 그런
면에서 어떻게든 인간의 관심을 충족시킨다. 일부 철학자는
'좋다good'라는 단어를 사용하는 것이 어떤 특성도 내포하지
않으며 단지 개인의 인정을 나타낼 뿐이라고 주장한다.

철학적 담론에서 '좋다'는 명사로도 사용되는데
철학자들은 '내적 선' 또는 '자체적인 선'과 '외적 선'을

구분하는 경우가 많다. 아리스토텔레스는 그 자체로 추구되는 건강을 내적 선의 예로, 결과를 위해 추구되는 돈을 외적 선의 예로 들었다.

'최고선'에 대해 이야기한 철학자와 신학자 들도 있다. 플라톤이 선이란 가장 높은 수준의 추상적이고 비물질적인 형상(p.14)이라고 생각한 반면, 아리스토텔레스는 인간에게 최고선은 미덕을 실행하는 것이며 이를 통해 좋은 삶 또는 행복에 도달할 수 있다고 했다.

그 밖에도 많은 사상가가 최고선을 신이 부여한 목적의 달성, 사랑, 행복, 쾌락, 타인 및 자연과의 조화로운 삶 등으로 바라보았다.

악

도덕적 악moral evil은 도덕적으로 잘못된 인간 행위가
가져온 고통과 시련이다. 반면 자연적 악natural evil은 질병이나
자연재해에서 오는 고통이다. 신학에서 악은 추상적이지만
실체real entity로 여겨졌고 악마로 의인화되었다. 악마는
사람과 그의 행동에서 악한 것의 근원이자 영감이다. 아담과
이브가 에덴동산에서 추방된 이후 원죄(pp. 20, 146)가 인간의
본성이 되었다. 전지전능하고 자비로운 신이 왜 악의 존재를
허용하는지는 오랫동안 신학자들의 애를 태웠다(p. 152).

도덕철학자들은 무엇이 악인지에 대한 문제에 더 관심을
기울인다. 예를 들어 어떤 행동(예컨대 살인)이 선한 결과(예컨대
나치 타도)를 가져오더라도, 결과에 상관없이 무조건 잘못된
것인가? 바꿔 말하면, 목적이 수단을 정당화할 수 있는가?
만약 어떤 사람이 선한 목적을 가지고 한 행동인데 중간에
뜻하지 않게 악한 행위를 저질렀다면 그는 악하다고 봐야
하는가?

윌리엄 블레이크는 사탄이 욥을 시험하기 위해 극한의 고통을 가하는 모습을 표현했다.

중용

　양극단의 가운데를 가리키는 '중용中庸'은 균형과 조화를
의미한다. 이 개념은 좋은 삶에 관한 다수의 철학에서
발견된다. 예를 들어 불교에서 중용은 관능적인 사치와
자기 억제 사이의 중도中道를 뜻한다. 또한 공자는 "중용의
도덕이야말로 제일이 아니겠는가. 그럼에도 요즘 세상에는
중용의 도를 알고 지키는 사람이 드물다"라고 했다.

　고대 그리스의 철학자 소크라테스는 중용의 개념을 교육에
적용했다. 무술에 전적으로 헌신하면 강인함과 맹렬함만
길러지고, 음악에만 헌신하면 유순하고 나약해질 것이라고
했다. 두 가지를 함께 추구하면 아름다움과 탁월함의 형태가
조화를 이룰 것이다. 플라톤의 대화편 『필레보스Philebos』에서
소크라테스는 "비례와 균형은 모든 미와 덕에서 스스로
드러난다"라고 했다.

　아리스토텔레스의 윤리학에서도 중용은 덕과 올바른
행동의 지침을 제공한다. "덕이란 중용 안에 있으면서
합리적인 선택을 하는 품성 상태다. 덕은 지나치지도
모자라지도 않는 중간 상태다. 지나친 것과 모자란 것은 둘

다 악덕이다. 열정이나 행동에도 지나침과 부족이 있을 수 있는데, 그 중간 상태를 찾아 선택하는 것이 덕이다."

아리스토텔레스는 덕이 양극단의 사이에 존재하며 이성을 지침으로 삼아야 한다고 믿었다. 예를 들어 용기의 덕은 무모함(용기의 지나침)과 비겁함(용기의 부족함)의 중간에 존재한다. 이상적인 중용은 덕을 갖춘 사람이 올바른 정도로, 올바른 경우에, 올바른 이유에서, 올바른 이들과의 관계에서 행동하는 것이다.

행복

어떤 철학자들은 행복이 최고선이라고 주장했다. 하지만 그들이 말하는 '행복'이란 과연 무엇일까? 고대 그리스에서 시작된 쾌락주의는 행복을 쾌락과 연결한다(p.110). 반면 아리스토텔레스를 비롯한 철학자들은 행복이란 좋은 삶을 사는 것이라고 했다. 여기서 좋은 삶은 사고를 하거나 덕 있는 행동을 할 때 모두 이성을 길잡이로 활용하는 것을 말한다.

'최대 다수의 최대 행복'이라는 공리주의의 목적에는 행복에 대한 두 가지 해석이 모두 나타난다(p.116). 이것은 수많은 정치인이 내세우는 목표이기도 하며 미국 독립선언문에는 '행복 추구'가 인간의 기본적인 권리로 명시되어 있다. 그러나 어떤 이들은 행복 추구가 불행의 근원이라고 주장했다. 그런가 하면 행복을 만족과 연관 짓고, 만족을 노예 상태와 연관 짓는 시각도 있다. 돼지는 배설물 가득한 우리에서 행복할지라도 그것이 자유는 아니라는 얘기다.

쾌락주의

쾌락주의는 고대 그리스에서 유래한 윤리 이론으로, 행복이 최고선이므로 삶의 주요 목표가 되어야 한다는 주장이다. 쾌락주의에서 행복은 대체로 쾌락(그리스어로 'hedone'. 그래서 쾌락주의를 헤도니즘이라고 한다)과 연결 짓는다. 쾌락의 본성 자체는 다양하게 정의된다. 쾌락주의의 문제는 언제나 감각적 쾌락에만 빠진다는 것이 아니다. 미국의 철학자이자 심리학자인 윌리엄 제임스(p.78)는 "만약 '기분 좋음'만으로 결정할 수 있다면 술에 취하는 것은 매우 타당한 인간적 경험이다"라고 했다.

기원전 400년경 고대 그리스의 식민 도시 키레네의 아리스티포스Aristippos가 키레네학파를 창시했다. 이 학파의 철학자들은 최고선이란 '감미로움으로 감각을 움직이게 하는 순간의 쾌락'이라고 주장했다. 아리스티포스는 모든 동물은 쾌락을 추구하고 고통을 피하려고 한다는 사실을 지적했고 직접적인 육체적 감각을 초월해 무언가를 알 수 있다는 사실에 회의적인 입장을 보였다. 그러나 그에게 쾌락은 방탕함만은 아니었다. 그는 최고의 쾌락을 선택하기 위해서는 이성과 자기통제가 필수라고 강조했다. 매춘부와 어울린다는 비난에 대하여 "내가 그녀에게 소유되는 것이 아니라 내가 그녀를 소유한다. 쾌락에 이끌려 다니지 않고 내가 쾌락을 통제하는 것이 쾌락을 통제하지 못하는 것보다 훨씬 낫다"라고 응수했다.

그리스에는 또 다른 학파인 에피쿠로스학파가 있다. 에피쿠로스가 창시한 학파로 역시 쾌락을 최고선으로 본다. 에피쿠로스는 쾌락은 정신과 육체의 고통을 피함으로써 얻어야 하며 이는 욕망을 줄이고 육체적이 아닌 정신적 쾌락에 집중할 때 가능하다고 주장했다. 따라서 최고선은 고요한 단절 속에서 발견된다. "지혜롭고 공정하게 잘 살아가지 않으면 쾌락적인 삶이 불가능하다. 또한 쾌락적인 삶을 살지 않으면 지혜롭고 공정하게 잘 살아갈 수 없다"라고 에피쿠로스는 주장했다.

좀 더 근래에 쾌락주의는 공리주의의 형태로 다시 모습을 드러냈다〔p.116〕.

냉소주의

　오늘날 냉소주의자는 타인을 나쁘게만 보고 일이 잘되지 않을 거라고 생각하는 사람을 가리킨다. 이 말은 자신의 목표를 위해 도덕적 원칙을 무시하는 사람에게도 적용된다. 냉소주의자를 가리키는 '시닉cynic'은 '개 같은'을 뜻하는 그리스어 '쿠니코스kunikos'에서 유래했다. 소크라테스의 제자인 안티스테네스Antisthenes가 '키니코스학파(견유학파)'를 창시하기도 했다.

　동시대 학자들은 키니코스학파를 개와 비교했다. 그들이 전통적인 사회적 가치를 거부한다는 이유에서였다. 키니코스학파는 자연과 조화를 이루며 쾌락과 안락, 부를 거부하는 삶이 덕이라는 믿음으로 엄격한 금욕주의를 실천했다. 키니코스학파의 대표적인 철학자 디오게네스는 스스로 '개'라는 별명을 붙였다. 그는 벌거벗은 몸으로 거리를 떠돌고 사람들 앞에서 배변을 했으며, 시장에 있는 통 안에서 잠을 잤고, 덕에서 벗어난 사람들을 보면 짖었다.

스토아철학

스토아철학은 키프로스의 제논이 기원전 약 300년경에 창시한 그리스 철학의 한 학파다. 제논이 아테네의 아고라에 있는 '채색된 회랑', 즉 스토아 포이킬레Stoa Poikile에서 학생들을 가르쳤다는 데서 유래한 명칭이다. 스토아학파의 영향은 오늘날까지도 이어지고 있다. 예컨대 불평 없이 불행을 견디는 태도를 'stoical(금욕적)'이라고 한다.

그리스의 주요 윤리학 학파인 키니코스학파〔p.112〕로부터 영향을 받은 스토아철학은 지혜와 덕을 크게 강조했는데, 둘을 거의 동일시했다. 스토아철학의 윤리학은 그들의 형이상학에서 비롯되었다. 스토아학파 사람들은 범신론자이자 유물론자였다. 그들은 신을 이성과 동일시했고 이성이야말로 우주의 기본 법칙이며 인간은 신성한 불이라고 했다. 지혜로운 자는 자연과 조화를 이루며 살아가고, 좋은 일이든 시련이든 똑같이 평정의 자세로 받아들인다.

스토아학파의 윤리는 오늘날의 정서로 볼 때 매우 비정하고 비인간적으로 느껴지기도 한다. 예를 들어 스토아학파에서 말하는 지혜로운 자는, 물에 빠진 아이를

보고 구하려고는 하지만 구하지 못해 아이가 죽는다고 해도
슬픔이나 비통함은 느끼지 않는다. 스스로 노력을 다했음을
알기에 아이의 죽음이 신성한 계획의 일부라고 생각하고,
그것이 최선이었다고 여긴다.

초기 스토아학파는 모든 인류가 형제라고 믿었고
노예제도를 비난했다. 그러나 기원전 1세기경에 로마
사회의 엘리트 계층이 스토아철학을 수용하면서 의무의
중요성을 더욱 강조했다. 대표적인 로마 스토아학파로는
극작가 세네카와 마르쿠스 아우렐리우스 황제가 있다.
마르쿠스 아우렐리우스의 『명상록』에는 "인간은 서로를
위해 존재한다. 그러니 남을 가르치거나 참으라"와 "그대의
행동과 말, 생각이 언제든지 생을 끝낼 준비가 되어 있는
사람의 것처럼 되도록 하라" 같은 경구가 담겨 있다.

공리주의

공리주의는 영국의 철학자이자 개혁가인 제러미 벤담이
창시한 실천윤리학에 속하는 사상이다. 벤담은 "최대 다수의
최대 행복은 도덕과 입법의 기초"라는 유명한 말을 남겼다.
따라서 공리주의는 쾌락주의(p.110)의 한 형태다. 벤담(옆쪽)은
행동으로 인한 쾌락과 고통은 수량화할 수 있으므로 행동의
선악을 판단할 수 있다는 단순한 '도덕적 계산법'을 내놓았다.

영국의 철학자 존 스튜어트 밀은 벤담의 공리주의가
지나치게 대략적이라고 보았다. 밀은 쾌락의 질이 중요하다고
강조하면서 '지성과 감정, 상상, 도덕적 감성'에 가장 큰
가치를 두었다. 또한 그는 다수에 대한 개인의 권리를
옹호함으로써 융통성 없는 벤담의 계산법을 수정했다.
공리주의는 자연주의의 오류(pp.122, 123)라는 비판 속에서도
사회정책에 여전히 큰 영향을 끼치고 있다.

황금률

황금률에 대한 설명은 "남에게 대접받고 싶은 대로 그들을 대접하라"라는 말에 잘 요약되어 있다. 『성경』의 「누가복음」 6장 31절에 나오듯 예수가 한 말로 유명하다. "남에게 대접을 받고자 하는 대로 너희도 남을 대접하라." 이 황금률은 기독교뿐만 아니라 여러 종교와 도덕 전통에서 윤리적 행동의 초석이 된다. 예를 들어 예수가 등장하기 몇 세기 전에 활동한 공자는 부정적으로 표현된 황금률을 다음과 같은 행동 원칙으로 제시했다. "내가 하기 싫은 일은 남에게도 시키지 마라."

타인의 입장에서 생각하고(이를 감정이입이라고 한다), 그에 따라 행동하는 것은 사회적 관계의 기본이다. 황금률이 없다면 사회 자체가 존재할 수 없을 것이다. 일반적으로 모두를 위한 정의와 공정함의 내재적 원칙을 가진 황금률은 법체계의 토대를 이룬다.

경솔한 반례反例를 들어가며 황금률을 경시하려는 사람들도 있었다. 예컨대 마조히스트(masochist, 가혹 행위에서 쾌감을 얻는 이상 성욕을 가진 사람. 옮긴이)는 자신이 좋아하는 가혹 행위를 남에게 해도 될까? 여기에는 핵심이 빠져 있다. 황금률은 특정한 도덕 원칙을 지지하지도, 다른 행동 원칙과 별개인 도덕적 선택의 토대를 제공하지도 않는다. 단지 일관성을 요구할 뿐이다.

18세기 독일의 철학자 이마누엘 칸트는 황금률이 보편 법칙이 되기에는 엄격함이 충분하지 못하다고 주장했다. 그 대신 그는 '정언명령'을 내놓았고 "네 의지의 준칙이 언제나 동시에 보편적 입법의 원칙으로 타당할 수 있도록 행동하라"라고 말했다. 예를 들어 사리사욕을 위해 거짓말을 하거나 무임승차를 하기 전에 자신 이외에도 모든 사람이 그렇게 행동한다면 어떤 결과가 나올지 생각해 봐야 한다. 그래야만 편협한 사리사욕 추구와 도덕적 근시안을 피할 수 있다.

작위와 부작위

도덕철학자와 신학자들은 오랫동안 상대적인 도덕 상태인 작위와 부작위에 대해 깊이 생각했다. 예를 들어 거짓말을 하는 것과 침묵을 지킴으로써 사실이 밝혀지지 않는 것에 도덕적 차이가 있는가? 또는 살인과 죽게 내버려 두는 것 사이에는 어떤 차이가 있는가?

이 질문은 결과주의와 의무주의 사이에 존재하는 윤리적 사고의 주요 단층선fault line을 나타낸다. 즉 결과주의는 목적이 수단을 정당화한다고 믿고 의무주의는 그렇지 않다고 주장한다. 결과주의는 오로지 (또는 대체로) 결과로만 작위와 부작위를 판단한다. 반대로 의무주의는 의무를 다하는 것이 중요하다고 주장한다. 하지만 역시 이런 질문이 제기된다. 살인을 하지 말아야 하는 의무는 생명을 구해야 하는 의무보다 더 중요한 도덕적 의무인가? 일반적으로 법에서는 고의성이 있을 때 살인이라고 규정하고, 어떤 과실이 죽음으로 이어진 경우에는 살인보다 약한 형량이 주어진다.

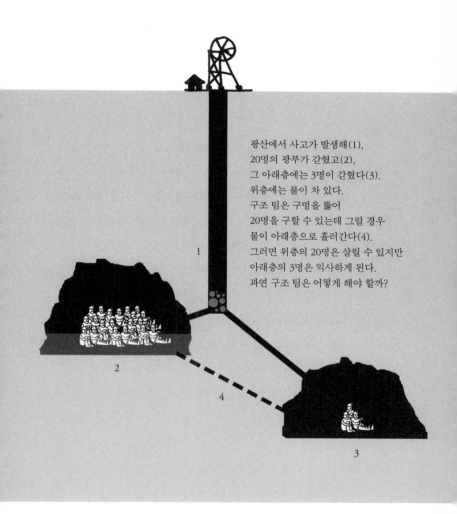

광산에서 사고가 발생해(1),
20명의 광부가 갇혔고(2),
그 아래층에는 3명이 갇혔다(3).
위층에는 물이 차 있다.
구조 팀은 구멍을 뚫어
20명을 구할 수 있는데 그럴 경우
물이 아래층으로 흘러간다(4).
그러면 위층의 20명은 살릴 수 있지만
아래층의 3명은 익사하게 된다.
과연 구조 팀은 어떻게 해야 할까?

사실과 당위의 문제

스코틀랜드의 철학자 데이비드 흄은 『인간 본성에 대한 논고』(1736)에서 다음과 같이 말했다. "지금까지 겪어 본 모든 도덕 체계에서는 저자가 한동안 평범한 방식의 추론을 계속하여 신의 존재를 확립하거나 인간사를 관찰한다. 갑자기 나는 '사실'과 '사실이 아님'이라는 전제의 일반적인 결합 대신 '당위'와 '당위 없음'에 연결되지 않은 전제가 하나도 없다는 사실을 발견하고 놀란다. 이 둘의 차이는 감지하기 어렵지만 그 결과는 지속된다."

흄이 강조한 것은 도덕적 진술과 객관적 사실을 동일시하는 인간의 성향이다. 이를테면 '살인은 잘못이다'는 '지구는 태양 주위를 돈다'와 똑같이 진리의 힘을 가졌다. 흄은 도덕적 판단이 이성이 아닌 감성을 토대로 이루어진다면서, 사실적 전제로부터 가치판단을 추론하는 것이 불가능하다고 주장했다.

20세기 초에 영국의 도덕철학자 G. E. 무어G. E. Moore는 사실적 전제에서 이끌어 낸 도덕적 결론에 '자연주의의 오류'라는 이름을 붙였다. 무어는 '행복'이나 '쾌락' 같은 서술적인 표현으로는 '선'을 정의할 수 없다고 주장하면서 암시적으로 공리주의(p.116)를 비판했다. 그는 경험적 관찰로는 선을 밝힐 수 없으며 오로지 자주적인 도덕 능력을 통해서만 가능하다고 했다. 이를 직관주의라고 한다.

사실is에서 당위ought를 이끌어 내는 자연주의의 오류가 위험하다는 인식은 다양한 사안을 살펴보는 데에도 매우 중요하다. 예를 들어 자연선택에 따른 다윈의 진화론은 '적자생존'에 의하여 적응력 뛰어난 새로운 종이 진화한다는 주장이다(p.197). 사회적 다윈주의자들은 그것이 자연의 법칙이므로 문명사회 속 인간의 행동에도 적용할 수 있다고 했다(p.242). 그런데 과연 그럴까?

정서주의와 규범주의

　사실에서 당위를 이끌어 내는 자연주의의 오류는
20세기에 정서주의라는 이론을 탄생시켰다. 1930년대에
영국 철학자 A. J. 에이어A. J. Ayer가 창시했으며, '야유-만세
이론boo-hurrah theory'이라고도 불린다. 정서주의에서는 도덕적
진술이 문법적으로는 사실 진술과 닮았지만 화자의 감정,
즉 인정이나 반감을 표현할 뿐이라고 주장한다. 예를 들어
'살인은 잘못이다'라는 말은 실제로 '살인에 야유를 보낸다'는
뜻이고 '거짓말은 하지 않는 게 좋다'는 '솔직함 만세!'라는
뜻이라는 이야기다.

　정서주의가 한 단계 발전한 이론이 규범주의다. 역시 영국
철학자인 R. M 헤어R. M. Hare가 내놓은 규범주의는 "도덕적
진술은 명령형과 같다"고 주장한다. 화자의 태도를 나타낼
뿐만 아니라 타인에게도 특정한 행동의 지침으로 작용한다는
것이다. 반면 어떤 사실에 대한 진술을 받아들이는 것은
화자에게 어떤 믿음에 전념하도록 해 줄 뿐이다.

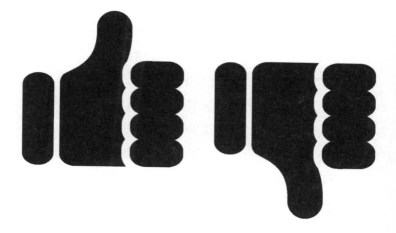

미학

 미학은 아름다움의 본질과 예술 작품에 대해 비판적
판단을 하는 근거를 살펴보는 철학의 한 종류다. '예술이란
무엇인가?', '예술에 목적이 있다면 무엇인가?' 같은 질문을 할
수 있다.

 예술에 대한 변함없는 이해 중 하나는 예술이
재현적이라는 것이다. 즉 "자연을 거울에 비춘다"(p.374)라는
햄릿의 말마따나 우리가 관찰하는 것을 모방하는 것이
예술이다. 고대 그리스의 플라톤은 이상적인 미란, 이상적인
선처럼, 비물질적인 형상(p.14)의 하나로만 존재한다고
믿었다. 따라서 실제 예술 작품은 질 떨어지는 복제품일 뿐,
진리나 선의 지침으로서 신뢰할 수 없다. 이러한 이유로
플라톤은 자신의 이상 국가에서 시인을 비롯한 예술가들을
제외했다.

 반면 아리스토텔레스는 예술 작품이 자연을 보다 낫게
만들고 사물의 보편적 본질에 대한 통찰을 제공한다는
입장을 취했다. 그는 예술이 긍정적인 사회적 가치를
지닌다고 보았다. 이를테면 비극 작품은 관객에게 '연민과

공포'를 일으켜 나쁜 감정을 몰아내는 유용한 역할을 한다.

아리스토텔레스는 예술 작품의 질을 판단하는 데 특정 기준을 제시했다. 한 예로 비극은 '행동의 일치'를 갖추어야 한다(시간이 흐른 뒤에 '시간의 일치'와 '장소의 일치'도 포함되었다). 플라톤은, 음악 작품의 탁월함은 그 작품이 "덕이 출중하고 교육을 잘 받은" 이들에게 기쁨을 선사하는지 여부로 판단되어야 한다고 했다.

잘 교육받은 엘리트 계층만이 예술 작품의 질을 판단할 수 있다는 생각은 오늘날까지 이어진다. 그러나 평론가들이 예술 작품을 판단하는 기준에는 시간의 흐름과 함께 변화가 생겼다. 예를 들어 시각예술에서 재현의 탁월함에 대한 가치는 사진의 발명으로 퇴색되었다. 선과 색깔, 구성 같은 '형식적' 특징이 추상예술(p.400)로의 길을 선도한 것처럼 이제는 '표현적' 특징(p.398)이 더욱 중요해졌다.

미

"누구나 아름다움을 보고 또 인정하지만, 무엇이 왜 아름다운지 원인을 찾으려는 헛된 노력 탓에 저 꽃송이에 대한 탐구는 거의 포기된다." 영국의 화가 윌리엄 호가스가 1753년에 한 말이다. 예술 작품에 대한 경험의 본질을 설명하기가 얼마나 어려운지를 이야기한 것이다.

몇 세기 동안 미는 특정한 예술 작품이 갖춘 추상적이면서도 사실적인 특징으로 믿어져 왔다. 그런데 1757년에 스코틀랜드의 철학자 데이비드 흄이 다음과 같이 반대 의견을 제시했다. "아름다움은 그 자체로 사물의 특성이 아니다. 그것에 대해 생각하는 사람의 마음에 존재할 뿐이다." 오늘날 이러한 관점이 넓게 퍼져 있기는 하지만 모든 사람의 견해가 똑같이 중요한 것은 아니다. 우리는 어떤 분야 전문가들의 판단을 존중하는 경향이 있다. 그들은 '미'라는 분리 가능한 특징을 찾아내거나 작품이 일으키는 감정에 대해 말하는 것이 아니라, 어떤 작품에 대해 설명하고 다른 작품과 비교함으로써 자신의 의견을 합리화한다.

의도의 오류

예술 작품을 판단할 때 그 작품이 창조된 맥락을 어느 정도 고려해야 할까? 가령 단테의 『신곡』을 이해하려면 중세 신학에 대해 알아야 할까? 그와 똑같은 기독교적 믿음을 가져야만 그의 시를 완전히 이해할 수 있을까? 리하르트 바그너가 이기주의자에다 광적인 반유대주의자였다는 사실이 그의 음악의 질을 떨어뜨릴까?

어떤 이들은 예술 작품은 오로지 그 가치에 따라서만 평가할 수 있고 또 그래야만 한다고 주장한다. 즉 예술가의 신념이나 성격, 의도 등에 대한 지식은 전혀 무관하다고 말한다. 1920년대에 영국의 문학비평가 I. A. 리처즈I. A. Richards가 바로 그런 방식을 장려했다. 그는 학생들에게 저자는 물론 작품이 만들어진 시기나 장소 등에 대한 정보를 전혀 주지 않고 시의 원문만 제시하는 '실제 비평'을 가르쳤다.

원문의 자율성에 대한 개념을 1940년대와 1950년대에 미국의 '신비평가'들이 수용했다. 1946년에는 W. K. 윔서트W. K. Wimsatt와 먼로 C. 비어즐리Monroe C. Beardsley가

「의도의 오류The Intentional Fallacy」라는 논문을 발표했다. 그들은 "시는 비평가의 것도 작가의 것도 아니다(시가 탄생한 순간부터 작가와 단절되어 작가의 의도나 통제권을 벗어난다). 시는 대중의 것이다…"라고 적었다. 또한 시에 '의도된' 의미가 있을 수는 있지만 '실제의' 독립적인 의미는 아니라고도 주장했다.

그러나 이 입장의 문제점은 예술 작품을 그것이 만들어진 상황과 고립시켜서, 무엇보다 예술 작품이 역사적 인공물이라는 사실을 부정한다는 데 있다. 예술 작품을 시간의 구애를 받지 않는 미학적 물체로만 보는 시각은 사람들의 반응을 제한하므로 결과적으로 경험에도 손해를 입힌다고 주장하는 이들도 있다.

영향의 오류

"손수건을 잔뜩 챙기게. 눈물 쏙 뺄 테니!"프랑스의 작곡가
가브리엘 포레Gabriel Fauré가 친구에게 한 말이다. 1884년 그의
친구는 바그너의 오페라를 보러 바이로이트 페스티벌Bayreuth
Festival에 가는 길이었다. 그는 이렇게 덧붙였다. "아, 진정제도
잊지 말고. 공연을 다 보면 극도로 흥분해서 칭찬하게 될
테니까!" 하지만 다른 이들은 바그너의 오페라가 끔찍할
정도로 지루하다고 했다. 1855년 런던의 뮤지컬계에서는
"끝없는 혼수상태에 빠지는 게 더 낫겠다"라는 평을 내놓기도
했다.

이처럼 예술 작품에 대한 주관적인 감정 반응이 다양한
것에 대하여 미국의 문학비평가 W. K. 윔서트와 먼로 C.
비어즐리는 1954년에 "시(또는 그 밖의 예술 작품)와 그 결과(사실과
영향)를 혼동하지 말라"고 경고했다. 그들은 이 혼동에 '영향의
오류'라는 이름을 붙였다. 이후의 비평가들은 이 용어가
지나치게 단순하다고 생각했다. 이들의 주장은 예술 작품의
질은 부분적으로, 강렬한 정서적 반응을 일으키는지 여부에
달려 있다는 것이다.

종교

종교는 역사적으로 인간 사회에서 대단히 중요한 역할을
차지했다. 그런데 과연 종교란 무엇인가? 일반적으로 '종교'
하면 유일 또는 다수의 신에 대한 믿음을 떠올린다. 하지만
그러지 않을 때도 있다. 예를 들어 불교에는 신이 없다.
하지만 불교에서도 다른 종교와 마찬가지로 물리적 세계와
구분되는 영적인 영역의 존재를 강조한다.

그렇다면 영적인 영역을 믿는다고 '종교적'이라고 말할 수
있을까? 꼭 그렇지는 않다. 종교는 (부분적으로) 비슷하거나
동일한 믿음을 가진 사람들로 이루어진 공동체를 수용하는
기관이기 때문이다.

공동체는 종교의 한 측면에 불과하다. 그 밖에도 신앙(개인의
믿음, 경외심, 숭배), 추종(의식, 성전, 집단 예배 등), 교리(신조 및 성서),
법(도덕, 금기, 해당 종교에서 정한 죄와 신성함에 대한 개념) 등이 있다.

종교는 이데올로기와 어떻게 다를까? 나치즘이나 공산주의
같은 이데올로기는 종교와 마찬가지로 추종자들에게
절대적인 헌신을 요구하고 교리를 준수하는 데 엄격하다.
그러나 신이나 영적인 관점이 포함되지 않는다는 점에서는

종교와 다르다.

　그렇다면 종교는 마술과는 어떻게 다를까? 마술을 믿는 사람은 특정한 의식을 통해 신의 개입 없이 물질계에 어떤 변화가 일어날 수 있다고 생각한다. 반대로 종교에서는 원하는 결과를 위해 기도하는데, 그것이 오로지 신의 개입을 통해서만 가능하다고 믿기 때문이다.

　종교는 세계 여러 사회의 가치 체계와 건국신화를 구현하는 문화 현상으로도 볼 수 있다. 예컨대 기독교나 이슬람교 같은 종교는 보편성을 주장하면서 자신들의 고유하고 특별한 지위를 고집한다. 그러나 한편으로 종교는 특정한 역사적 상황의 산물로도 볼 수 있다.

신학

신학이라는 말은 문자 그대로 '신을 연구하는 학문'을 뜻한다. 이 학문은 신의 존재를 합리적으로 논하려는 시도로 정의되어 왔다. 신학의 주제에는 신의 본질, 우주와의 관계, 인간에 대한 의도, 성서 연구, 교리 발전 등이 포함된다. 모든 종교가 신학을 만들긴 했지만 가장 대표적인 것은 기독교다.

기독교 신학은 크게 자연신학과 계시신학으로 나뉜다. 자연신학은 자연계로부터 신에 관한 지식을 이끌어 낸다. 이 접근법을 옹호한 가장 대표적인 초기 인물이 바로 성 토마스 아퀴나스다. 그는 13세기에 아리스토텔레스의 추론을 기독교적 사고와 결합하여 신의 존재에 대한 다수의 논증을 내놓았다(p.140). 자연신학은 로마가톨릭교회의 교리 일부가 되었다. 그러나 여기에 반대하는 입장도 있다. 이들은 인간의 이성은 죄에 의해 타락했으므로 신에 대해 배울 수가 없으며, 신의 존재는 오로지 계시에 의해서만 알 수 있다고 주장한다.

/ Theology

신

신은 신자들이 우주의 창시자이자 지배자로 내세우는 최고의 존재다. 대부분 종교에는 유일(일신교) 또는 다수(다신교)의 신이 존재하는데, 불교나 도교처럼 신이 없는 종교도 있다.

다신교에는 힌두교나 고대 그리스와 로마의 종교가 있다. 다신교의 신들에는 계층이 있다. 예를 들어 힌두교에서 최고의 영적 존재이자 궁극적 실재는 바로 브라만이다. 브라만(창조의 신)은 비슈누(유지의 신), 시바(파괴의 신)와 함께 힌두교의 삼위일체를 이루며 그 밖에도 수없이 많은 신이 존재한다.

최초의 일신교는 유대교였다. 유대교와 마찬가지로 중동에서 발생한 기독교와 이슬람교도 일신교의 전통을 따랐다. 기독교의 신은 성부와 성자, 성령으로 이루어진 삼위일체로 인식된다. 일신교에서 신은 전지전능하고 자비로운 존재이며 『성경』과 『쿠란』, 『토라』 등 성서에서 존재가 드러난다.

여러 종교에서 신은 우주를 창조했을 뿐 아니라 그 안에 적극적으로 관여한다. 이러한 입장을 유신론이라고 한다. 유신론에서는 신을 초월적이면서(자신의 피조물을 초월해 시공의 바깥에 존재함) 내재적인(피조물의 모든 측면에 존재하고 관여함) 존재로 본다. 반면 18세기 계몽주의 시대의 이성주의자들이 주장한 이신론은 신이 우주의 제일원인〔p.48〕이기는 하지만 관여는 하지 않는다는 입장이다.

그 밖에도 신이 초월적 존재가 아니라고 보는 범신론이 있다. 즉 인간을 비롯한 세계가 곧 신이라는 것이다. 범신론은 바뤼흐 스피노자, 윌리엄 워즈워스를 비롯한 낭만주의 시인들이 옹호하기는 했지만 서구 사회의 종교에 크게 수용되지는 못했다.

신의 존재 증명

수세기 동안 신의 존재 증명에 대해 다양한 고찰이
이루어졌다. 그중에서도 가장 전통적인 주장을 요약하자면
다음과 같다.

1. 우주론적 증명: 모든 것에는 원인이 있으며 신은
   제일원인(p.48)이다. 인과관계는 오로지 관찰 가능한
   현상들을 연결 짓는다는 이유로 비판할 수 있다.
2. 목적론적 증명: 우주는 대단히 복잡하므로 전지전능한
   설계자에 의해서 설계되었을 것이라는 주장이다. 모든
   것에는 목적이 있다고 전제한다(p.30).
3. 존재론적 증명: 신은 '가장 완벽한 존재'이므로
   필연적으로 존재할 것이라는 주장이다. 이는 명제를
   근거로 내세우는 순환논증의 오류에 빠지게 된다.
4. 도덕적 증명: 도덕이 가능하기 위해서는 덕을 보상으로
   주는 공정한 신의 존재가 필요하다는 주장이다.

신앙

신앙은 개념으로 볼 때 믿음belief과 중복되지만 동일하지는
않다. 철학에서 믿음은 지식과 대조된다. 무엇이 어떠하다고
믿는다는 말은 안다고 말할 수 있는 증거가 충분하지 않다는
뜻이다. 신앙이라는 말의 의미인 신에 대한 믿음도 이 범주에
속한다. 신앙은 증거를 필요로 하지 않는, 흔들림 없이 강력한
확신이다.

기독교 신학에서 신앙은 신의 존재, 신의 행동과 약속에
대한 믿음을 가리킨다. 성 바울은 "믿음은 바라는 것들의
실상이요 보지 못하는 것들의 증거니(『히브리서』 11장 1절)"라고
했다. 믿음은 신의 자비로움이 구현된 것으로 여겨진다.
이슬람교에서도 비슷한 내용이 발견된다. "어느 누구도
알라의 뜻이 아니고는 믿지 않으며(『쿠란』 10장 100절)."

자연신학자들은 신의 존재가 이성으로 완전히 또는
부분적으로 추론될 수 있다고 믿는다(pp. 136, 140). 반대로
신앙주의자들은 종교적 믿음은 전적으로 신앙을 토대로
한다고 주장한다. 3세기의 사제 테르툴리아누스Tertullianus가
성육신(예수가 인간의 몸으로 세상에 나타난 것을 가리키는 말. 옮긴이)을

옹호한 말 "불가능하기 때문에 그것은 확실하다Certum est quia impossibile est"에서 신앙주의의 가장 극단적인 형태를 엿볼 수 있다. 신앙주의자들에 따르면 신앙은 신비의 경험, 계시, 불합리함에 대한 인간의 욕구에 의해 타당함이 증명된다.

개인의 구원을 결정하는 데 신앙이 그 반대 개념인 행위(즉 선행)보다 더 중요하다는 사실은 수세기 동안 활발한 논쟁을 불러일으켰다. 야고보의 편지에는 "행함이 없는 믿음은 헛것(「야고보서」 2장 20절)"이라고 되어 있다.

그러나 기독교 신학에서는 신앙을 가진 회개한 죄인은 신의 자비를 받아 구원을 얻을 수 있다고 주장한다. 이는 종교개혁에서 특히 중요한 부분을 차지했다. 마르틴 루터는 "열심히 죄를 짓고 죄인이 되어라. 그러나 더 열심히 신앙을 가져 예수 그리스도 안에서 기뻐하라"라고 했다.

무신론

　무신론은 신의 존재 또는 영적인 존재를 부정하는
사상이다. 무신론을 옹호하는 가장 보편적인 논증은
신의 존재에 대한 증거가 없다는 내용이다. 이러한
관점은 유물론〔p.64〕과 대략 일치한다. 무신론을 강화한
것이 과학이다. 관찰 가능한 우주를 설명하기 위해
더는 창조주가 필요하지 않음을 증명함으로써 말이다.
논리실증주의자〔p.80〕들을 비롯한 다수의 근대 철학자들은
신의 존재가 증명되지 않으므로 의미가 없다고 주장했다.
그중에서도 "신은 죽었다"라고 주장한 독일 철학자
프리드리히 니체(옆쪽)가 가장 유명하다.
　무신론은 불가지론不可知論과 똑같지 않다. 불가지론은
신의 존재에 대해 결론을 내릴 만한 증거가 충분하지 않다는
관점이다. 이에 비해 무신론자들은 신의 존재에 대한 질문은
답할 수 없다는 입장이다. 엄격한 신앙주의자〔p.142〕들은
이성은 신앙과 아무런 관련이 없으며 신의 존재는 당연히
증명할 수 없다고 주장한다.

죄

역사적으로 다수의 사회에서는 사회적 관습이나 법칙에
순종하지 않거나 금기를 어기는 일이 잘못일 뿐만 아니라
'영적인 악'의 표시라고 보았다.

유대교와 기독교, 이슬람교에서 도덕적 악(p.104)은
'죄'라고 특징지어지고 신의 뜻을 고의로 거스른 것으로
본다. 『성경』의 「창세기」에 따르면 최초 인간인 아담과
이브가 신의 말에 복종하지 않아 순수성을 잃으면서 죄가
시작되었다. 그 후로 인간은 '원죄'를 가지고 태어나게
되었다. 태어날 때부터 죄인이라는 것이다. 『성경』에 나오는
7대 죄악, 즉 분노, 질투, 식탐, 탐욕, 색욕, 나태, 자만은
인간이 약함을 타고났다는 것을 보여 주며 '실제적인 죄'의
근원으로 여겨진다.

실제적인 죄는 생각이나 말, 행위로 저질러지는 악한
행동으로 이루어진다. 구원은 적어도 부분적으로는 신이
모세에게 내린 십계명처럼 신이 계시한 법에 따름으로써
악한 행동을 피해야 가능하다. 또한 의무를 다하지 않는
부작위의 죄와 하지 말아야 할 것을 하는 죄도 있다(p.120).

기독교 교리에서는 대죄大罪와 소죄小罪로 구분한다. 대죄는 신을 저버리는 심각한 죄를 말하는데, 회개하지 않는 한 신의 은총을 잃어버리고 지옥에 떨어지는 영원한 벌을 받게 된다. 로마가톨릭교회에서 말하는 대죄에는 이단, 살인, 간음, 낙태, 피임, 위증 등이 포함된다.

소죄는 대죄보다 가볍다. 잘못인 것을 모르고 저지른 죄로, 신의 은총을 일부만 잃고 대죄보다 쉽게 용서받을 수 있다. 또한 '본의의 죄'와 '비본의의 죄'로도 구별한다. 본의의 죄는 행동 자체가 나쁘고 행위자 역시 잘못임을 알고 저지르는 죄를 말하며, 행동은 나쁘지만 행위자가 그 점을 인지하지 못하고 저질러 책임을 지지 않는 죄를 비본의의 죄라 한다.

양심

양심은 옳고 그른 것을 알게 해 주는 '내면의 목소리'다. 그것이 신이나 이성의 목소리라거나 인간의 특별한 기능, 즉 '도덕의식'이라는 등 다양한 견해가 존재한다. 18세기 영국 신학자 조지프 버틀러Joseph Butler는 양심을 가리켜 "이해의 감정 또는 가슴의 지각"이라고 설명했다. 힌두교에서는 "우리 안에 존재하는 눈에 보이지 않는 신"이라고 하고 퀘이커교에서는 신의 "내적인 빛"이라고 한다.

비종교적 관점에서 볼 때 개인의 양심은 사회적, 문화적 영향의 결과로 볼 수 있다. 대부분 사회에는 도덕률이 존재하고, 이를 어릴 때부터 주입한다. 프로이트학파는 양심을 초자아의 특징으로 보았다. 부모에 대한 무의식적 욕구(p.361)에 의해 유년기에 형성되는 가치 기준이라는 것이다. 행동주의자(p.364)들의 입장도 비슷하다. 이들은 양심이 사회적 자극, 즉 보상과 벌에 대한 학습된 반응이라고 설명한다.

미국의 소설가 에드거 앨런 포의 단편 「고자질하는 심장The Tell-Tale Heart」에서
살인자는 희생자의 심장박동 소리가 계속 들려와 죄책감 속에서 미쳐 간다.

영혼

사람에게 영혼, 즉 비물질적인 영적 본질이 있다는 생각은 여러 문화와 종교에 보편적으로 존재하며 그 근원은 인류 역사의 초기로 거슬러 올라간다.

고대 그리스와 고대 중국에서는 영혼에 두 가지 측면이 있다고 보았다. 하나는 육체와 함께 소멸되고 다른 하나는 계속 남는다. 고대 그리스의 아리스토텔레스는 영혼이 육체와 분리할 수 없는 형태라고 보았다(인간뿐 아니라 동물, 식물 모두). 사실상 육체가 행동하는 방식에 생명을 불어넣은 것이 바로 영혼이라는 주장이다. 애니미즘animism을 신봉하는 문화에서는 바위와 강 등 움직이지 않는 것을 포함한 우주 만물에 혼 또는 영이 깃들어 있다고 믿는다.

그러나 영혼에 대한 관점에 가장 큰 영향을 끼친 사람은 역시 그리스의 철학자인 플라톤이다. 그는 영혼이 무형이고 살아 있는 동안에만 육체와 결합되어 있다고 보았다.

기독교는 이처럼 육체와 영혼을 나누는 관점을 받아들였다. 즉 영혼은 신에 의해 창조되며 잉태되는 순간 육체에 스며든다는 관점이다. 영혼은 육체가 죽음에 이른

후에도 지속되며 신의 심판을 받게 된다. 영혼의 가치에
따라서 영원히 지옥에 갈지 천국에 갈지가 결정된다(p.156).
이슬람교에서도 비슷한 믿음이 발견된다. 힌두교와
불교에서는 영혼이 윤회의 고리를 반복한다고 믿는다(p.154).
새로운 탄생은 과거 행동의 결과인 카르마karma에 좌우된다.

　기독교에서 말하는 육체와 영혼의 이분법은 17세기에
데카르트가 주장한 심신 이원론의 핵심을 차지한다. 육체(또는
물질)와 영혼(또는 정신)은 서로 다른 실체이지만 상호작용이
가능하다는 주장이다(p.43). 근대 철학에서 영혼의 본질에
대한 토론은 정신과 자아, 정체성, 의식의 본질에 관한
토론으로 바뀌었다(pp.38~43).

신정론

만약 신이 전지전능하고 자비롭다면 왜 세상에 악이
존재하도록 허락할까? 질병이나 지진, 홍수 같은 자연악natural
evil이나 살인, 전쟁, 가난 같은 윤리악moral evil의 이면에는
신의 어떤 목적이 숨어 있을까?

기독교 신학에서는 이 문제를 신정론神正論으로 다룬다.
영국 시인 존 밀턴John Milton의 『실낙원』(1667)의 시작
부분에서 보듯 "인간에 대한 신의 방식들을 정당화하기
위한" 것이 바로 신정론이다. 대부분의 논증에서는
자유의지가 언급된다. 즉 신은 인간에게 선택의 자유를
주었는데, 윤리악을 선택한다면 그것은 개인의 책임이다.

아담과 이브의 경우도 마찬가지였다. 그들의 원죄는
자연악과 윤리악을 포함한 모든 악의 근원이 되었다. 원죄는
죄에 대한 벌인 셈이다. 선과 악이 신의 뜻에 따라 완벽에
가까워지도록 인간의 성숙함을 도와준다는 주장도 있다.

ALBERTVS
DVRER
NORICVS
FACIEBAT
AD 1504

/ Theodicy

환생

　환생은 육체의 죽음 이후에 영혼이 다른 몸으로 옮겨지는 과정을 뜻한다. 다른 몸은 다른 사람이 될 수도 있고, 동물이나 식물이 될 수도 있다. 이것을 가리켜 영혼의 윤회 또는 이주라고 한다. 이는 죽음 이후의 영혼에 대한 일신교의 관점과는 뚜렷한 차이가 있다〔p. 156〕.

　고대 그리스 철학과 중동의 여러 고대 종교, 신지학神智學 같은 근대의 신비주의 운동에서 환생의 개념을 찾아볼 수 있다. 그러나 가장 밀접한 관련을 보이는 것은 인도에서 발생한 종교들이다. 즉 힌두교, 자이나교, 시크교, 불교 등이다. 탄생과 죽음, 재탄생의 연속적인 윤회 주기를 나타내는 '삼사라samsara'라는 말도 있다.

　이 종교들에서는 어떤 형태로 환생하는가는 카르마에 달려 있다고 이야기한다. 카르마는 문자 그대로 '행동'을 뜻하는데, 자신의 행동으로 인한 결과 때문에 고통받는다는 의미다. 다시 말해 법이나 방식, 의무, 자연 등을 뜻하는 다르마dharma를 거스르는 행동을 하면 카르마로 고통 받게 된다.

힌두교에서는 완전한 자기 인식을 통해서만 삼사라의 끝없는 고리를 끊을 수 있다. 영혼 또는 인간의 핵심과 절대적 실재가 결국 하나임을 깨닫는 것이다. 그러면 윤회를 끊는 목샤moksha, 즉 해탈에 이를 수 있다.

불교에서는 영속적 자아가 존재하지 않는다. 아니, 그 무엇도 영원하지 않다. 명상을 통해 비영구적인 것들로부터 분리될 때 너바나nirvana, 즉 열반에 도달해 윤회의 고리에서 벗어날 수 있다.

한편, 불교 철학자들은 힌두교에서 말하는 환생이라는 개념에 의문을 품었다. 환생한 사람이 그 전 삶에 대한 기억이 없는데 어떻게 동일한 사람으로 볼 수 있는가 하는 것이다.

천국과 지옥

영원히 축복을 받거나 벌을 받는 장소인 천국과 지옥은
여러 종교에 나타난다. 천국은 덕을 갖춘 사람이나 영웅적인
사람이 쾌락을 즐기거나 신의 사랑을 받는 장소다. 반면
지옥은 끔찍한 신체적 형벌이 주어지거나 신의 존재 및
사랑의 부재로 공포나 절망을 느끼게 되는 장소다.

천국과 지옥의 개념은 신이 정한 정의 체계를 믿고자 하는
인간의 욕구를 반영한다. 특히 지상에서는 흔하지 않기에
더욱 그렇다. 악한 사람이 이승에서는 번영을 누릴 수 있지만
죽어서는 벌을 받을 수 있다. 마찬가지로, 선한 사람은
현세에서는 고통 받아도 죽어서는 영광을 누릴 수 있다.
어떤 이들은 천국과 지옥이 사람들로 하여금 현세에서
정의를 찾지 못하게 함으로써 사회질서를 유지하려는
연막에 불과하다고 주장한다.

기도와 명상

기도는 신 또는 초자연적 존재와 소통하려고 시도하는
행위를 말한다. 대부분의 종교에서 이런저런 형태의 기도를
볼 수 있는데 혼자 할 수도 있고 집단적으로 할 수도 있다.
기도 행위는 이미 정해진 기도문에 따른 의례적인 것일 수도,
개인적일 수도 있다. 어떤 이들은 기도를 통해 인간과 신의
간극을 메우려고 하며, 또 어떤 이들은 내면의 신을 밖으로
이끌어 내려고 한다.

기도할 때 다양한 기법이나 장치를 이용하기도 한다.
예를 들어 염주는 여러 종교에서 규정된 기도문을 기억하게
해주는 용도로 쓰인다. 형상은 경배심과 집중력을 높이는
데 사용된다. 로마가톨릭교와 동방정교회에서는 예수나
여러 성인의 그림을, 불교에서는 '만다라mandala'라고 하는
기하학적인 그림을 사용한다. 이슬람교와 대부분의 개신교
교회에서는 형상의 사용을 우상숭배로 간주한다.

기도는 여러 기능을 한다. 경배의 기도는 신의 능력 등을
찬양한다. 간구의 기도는 자신이나 타인을 위해 물질적 또는
영적인 선을 요청하는 기도다. 또한 감사의 기도는 음식과

건강 등 삶의 축복에 대한 감사를 표현한다. 참회의 기도는
올바른 길에서 벗어난 것을 인정하는 기도다.

특별한 형태의 기도도 있다. 이를테면 신적인 존재와
하나 되는, 신비적 합일 체험을 목표로 하는 기도다. 이것을
명상이라고 하는데 집중, 묵상, 마음 비우기 같은 기법이
사용된다. 기독교의 신비주의 전통에서는 이러한 신비적
합일 체험을 황홀경 또는 지복직관(至福直觀, 신을 직접 대면하는 것.
옮긴이)이라고 한다. 이슬람교에도 수피즘(Sufism, 이슬람 신비주의.
옮긴이)이라고 하는 비슷한 전통이 있다.

힌두교와 불교의 명상 기법에는 요가가 포함되는 경우가
많다. 명상의 목적은 세속적인 집착과 고통에서 벗어나
깨달음에 이름으로써 윤회의 고리를 끊는 것이다(p. 154).

예정설

　예정설은 전지전능한 존재인 신이 모든 일을 미리 계획해 놓았다는 교리를 말한다. 이는 기독교의 중요한 교리로서 모든 인간의 구원 여부가 미리 정해져 있다는 것이다. 예정설은 성 바울이 로마인들에게 보낸 편지인 『성경』의 「로마서」에서 나왔다. "하나님이 미리 아신 자들을 또한 그 아들의 형상을 본받게 하려고 미리 정하셨으니… 또 미리 정하신 그들을 또한 부르시고 부르신 그들을 또한 의롭다 하시고 의롭다 하신 그들을 또한 영화롭게 하셨느니라(「로마서」 8장 29~30절)."

　특히 예정설은 프랑스의 신학자이자 종교개혁가 장 칼뱅의 가르침에 영향을 받은 개신교에서 큰 의미를 가진다. 칼뱅(옆쪽)은 인간 개개인의 구원은 신앙이나 사랑, 행동에 상관없이 신이 미리 정해 놓았다고 가르쳤다. 이러한 사상은 자유의지〔p.50〕와 일치하지 않는다.

과학

과학은 물리적 우주에서 일어나는 일들에 대해 체계적 설명을 찾고자 하는 지적 활동 분야다. 과학 이론이 유효하려면 포괄적이어야 한다. 그리고 예외가 있어서는 안 된다. 예를 들어 땅에 있던 바위가 공중으로 올라가는 일이 가끔 일어난다면, 뉴턴이 발견한 중력의 법칙은 수용되지 못할 것이다. 예측력 또한 중요하다. 즉 과학 이론은 검증할 수 있어야 한다. 비행기의 날개 디자인을 예를 들자면, 비행기가 특정 속도에 도달할 경우 하늘로 날아오르리라는 것을 예측할 수 있다. 즉 예외 없이 항상 그런 일이 일어난다는 뜻이다.

논리적으로 가장 확실한 이론은 바로 수학이 사용된 이론이다. 뉴턴의 운동 및 중력의 법칙을 예로 들면, 수학적 계산을 이용해 추의 회전에서 다음 일식의 주기에 이르는 다양한 현상에 대해 연역적 추론이 가능하다. 즉 일반적인 법칙에서 특정한 진리를 끌어낼 수 있다. 이에 반해, 수학을 토대로 하지 않는 연역적 추론은 이치에 맞는 경우가 드물다. 그러나 모든 이론이 수학적 개념을 활용하지는 않는다. 예를

들어 자연선택을 통한 다윈의 진화론은 수학에 의존하지
않고도 설명이 된다.

연역법의 반대인 귀납법을 이용하는 과학도 많다. 귀납법은
관찰이나 경험, 측정 등 특정한 경험적 증거에서 일반적인
이론을 이끌어 내는 방법이다. 실제로 이론은 과학자들의
창의적인 상상력을 통해 고안되는 경우가 많다. 그런 다음에
경험적 증거를 통한 귀납법으로 이론이 옳음을 증명하거나
반박한다.

18세기에 활동한 스코틀랜드의 철학자 데이비드 흄은
귀납적 추론을 수용할 논리적 근거가 없다고 정확하게
지적했다. 비행기가 날아오르는 모습을 아무리 자주 본다
한들 그것이 다음번에도 날아오르리라는 합리적인 이유가
되진 않는다. 하지만 흄은 그것이 현실적인 요점이 아님을
인정했다. 현실적으로 우리는 이론이 충분한 경험적 증거로
뒷받침될 때 수용한다.

수학

    수학은 수와 양, 모양, 공간, 또 그것들의 관계에 대해 연구하는 학문이다. 응용수학은 수학적 기법을 사용해 물리적이고 기술적인 과정을 이해하게 해준다(p. 162). 순수수학은 전적으로 추상적이다. 물리적 세계에서 일어나는 일은 물론이고, 그 자신 외의 어떤 것에 대해서도 의존하지 않는다. 수학 이론에서의 진리는 실험이 아니라 논리와 엄격한 형식적 증명에 의존한다.

    수학 이론은 일련의 공리(公理, 그 자체로 명백한 진리. 옮긴이) 형태로 표현된다. 진리에 해당하는 진술이나 형식에서 이론을 이끌어 내는 것이다. 20세기 초에 수학자들은 수학이 완전하고 일관성 있는 체계임이 증명될 수 있다고 믿었다. 그러나 1931년에 오스트리아의 논리학자 쿠르트 괴델Kurt Gödel이 수학 체계는 유한한 공리에 기초한 것이 사실이지만, 공리로 증명할 수 없는 명제가 있다는 점을 밝혔다.

$\times \times$

$\beta = \dfrac{1}{\sqrt{1 - \dfrac{V^2}{C^2}}}$

$\gamma = \frac{1}{2}$

$x(x-1) = x^2 -$

$-8 = 2 - x \quad y = yx^2 \quad \dfrac{1}{2P_0} \quad 52 -$

$9 - y = 7$

$\sqrt{64}$

$\neq y \displaystyle\int B \cdot dA = 0$

$Mc = x^2$

$\displaystyle\sum_{N} \dfrac{\partial^2 v_{z,2}}{\partial t^2} - C_s^2 \dfrac{\partial^2 v_2^2}{\partial Z^2}$

$-2 \qquad \qquad \dfrac{1}{\partial^2}$

패러다임 전환

미국의 철학자이자 역사학자인 토머스 S. 쿤Thomas S. Kuhn은
1962년에 발표한 저서 『과학혁명의 구조』에서 과학은
연속적이고 선형적인 방식이 아니라 일련의 '패러다임
전환'을 통해 발전한다고 주장했다.

과학 분야에서 패러다임은 매우 일반적인 세계관이다.
과학자들이 사용하는 개념의 틀이며 그 안에서 모든 탐구가
이루어진다. 일정한 패러다임 안에서 연구자는 '정상
과학normal science' 활동을 한다. 기존 세계관을 반박하지 않고
그것이 던진 수수께끼를 푸는 활동이다.

패러다임 전환은 패러다임이 교체되는 과학적 혁명이다.
이는 '혁명 과학revolutionary science'으로 이어진다. 새로운 관점이
열리고 새로운 연구 방향이 제시돼 기존의 자료와 가정에
질문을 던지는 과정이다. 일반적으로 패러다임 전환은
기존 패러다임으로 풀 수 없는 수수께끼가 계속 쌓여서
한계점에 도달할 때 일어난다.

패러다임 전환의 고전적인 사례는 천문학자 니콜라우스
코페르니쿠스가 프톨레마이오스의 천동설(지구중심설)이

지구에 관련된 수많은 문제를 해결해 주지 못한다는 사실을 깨달은 것이다. 그는 태양이 지구의 둘레를 도는 것이 아니라 반대로 지구가 태양을 돈다고 가정했고, 그 새로운 이론이 자료에 더욱 잘 들어맞는다는 사실을 발견했다. 로마가톨릭교회는 지구가 우주의 중심이 아니라는 코페르니쿠스의 지동설을 강하게 반박했다. 뉴턴역학이 20세기 초에 양자물리학과 상대성이론에 의해 무너진 것 또한 패러다임 전환의 사례다(pp. 182~184).

　쿤은 패러다임 전환과 서로 다른 패러다임들의 모순에 대해 살펴보면서 과학이 전적으로 객관적인 활동이라는 일반적인 생각과 달리 사실은 인간적인 활동임을 보여 주었다. 과학은 사회적, 문화적, 역사적 요인에 영향을 받으므로 어느 정도 주관적이다.

공간

전통적으로 공간은 모든 물체가 있는 끝없는 공간이라고
정의되었다. 공간의 틀 안에서 모든 물체의 상대적인 위치는
거리와 방향으로 정해질 수 있다. 과학에서 기본량의 하나인
공간은 계량기를 통해 측정할 수 있다. 뉴턴역학(p.178)에
따르면 공간에는 세 가지 선형 차원이 있고, 이는 그
안의 어떤 물질과도 별도로 존재하는 절대적인 값이다.
상대성이론(p.184)에 따르면 공간은 시간이 4차원을 차지하는
시공 연속체의 일부분일 뿐이라고 한다. 게다가 상대성은
시간과 공간이 절대적이 아님을 말해 준다. 시공의 양 측면은
거대한 물체 주변의 중력장에 의해 왜곡될 수 있다.

과학계에서 널리 지지받는 빅뱅 이론(p.188)은 시공이 약
137억 년 전에 생겨나 줄곧 연속적으로 확장되어 왔다고
주장한다. 보통 공간은 무한하다고 인식되지만 우주가
무한한가의 문제는 여전히 우주학자들을 고민에 빠뜨린다.

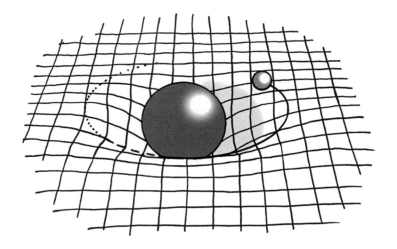

일반상대성이론에 따르면 시공은 다차원의 '고무 시트'처럼 거대 질량에 의해
왜곡될 수 있다.

시간

시간은 물리학의 기본량 중 하나다. 대개 지구의 자전이나 세슘 원자의 방출 같은 규칙적인 과정의 지속 기간을 측정한다(세슘 원자는 시간의 기본단위인 초에 대한 근대적 정의의 토대로 사용된다).

시간에 대한 주관적 경험은 그것이 절대적이지 않음을 나타낸다. 지루할 때는 시간이 느린 것 같고 즐거울 때는 빨리 가는 것 같다. 인간의 관점에서 볼 때 과거와 현재, 미래는 중복된다. 인간은 언제나 무한하게 작은 '지금' 이상을 의식하고 있다. 즉 예전에 일어난 일을 생각하고 앞으로 일어날 일을 예측한다.

이러한 경험과 달리 고전적인 뉴턴역학에서는 시간이 일률적인 비율로 지난다고 주장한다. 그러나 알베르트 아인슈타인의 상대성이론(p.184)은 시간이 절대적이지 않으며 빛의 속도와 가까운 시간에서는 (관찰자에 따라) 시간이 왜곡된다고 말한다. 시간은 공간과 함께 시공이라고 불리는 4차원 연속체를 형성한다.

시간은 변화가 일어나는 틀로 정의할 수 있다. 또한

시간에는 방향도 있다. 대부분의 물리 법칙은 양쪽으로
향하는 과정을 허용하지만, 그렇지 않은 경우도 있다. 열역학
제2의 법칙이 그 예다. 이는 19세기에 만들어진 법칙인데
시스템의 엔트로피(무질서 또는 혼돈)가 시간에 따라 커진다는
것이다. 바위는 바스러지고 자동차는 녹슬고 생물체는 죽어
부패한다. 이는 되돌릴 수 없는 과정이다.

　빅뱅 이론에 따르면 우주는 137억 년 전에 시작되었다.
그 이전에 시간이 존재했다면 그 시간의 틀에서 이루어진
일들은 현재 시간의 틀에 아무런 영향도 끼치지 않았을
것이다.

　그렇다면 시간이 영원히 계속될까? 열역학 제2의 법칙에
따르면 모든 움직임, 즉 모든 변화는 결국 멈출 것이다.
시간도 마찬가지다. 그러나 일부 우주학자는 이 우주가 일명
'다중 우주' 안에 존재하는 무수히 많은 우주 중 하나라고
주장한다.

무한대

무한대는 끝이나 한계가 없는 수량을 말한다. 인간의
정신으로는 특히 시간 및 공간과 연결 지어 이해하기 힘든
개념 중 하나다. '영원'에 대해 상상하기란 거의 불가능하다.
공간의 경계나 시간의 종말이라는 개념 역시 생각할
수가 없다. 시간이 끝나고 나면 어떻게 될지 우리는 항상
질문하지만, 물리학자들과 우주학자들은 아직 확실한 대답을
내놓지 못했다.

수학에서 무한소(무한하게 작지만 0보다는 큰 수)의 개념은
17세기 말에 나온 계산기의 발명에 필수적이었다. 그로부터
두 세기 후에 독일의 수학자 게오르크 칸토어Georg Cantor는
모든 자연수(즉 정수)의 값이 모든 짝수 자연수보다 크다는
사실을 증명했다. 즉 값이 더 큰 다른 무한대가 존재한다는
것이다.

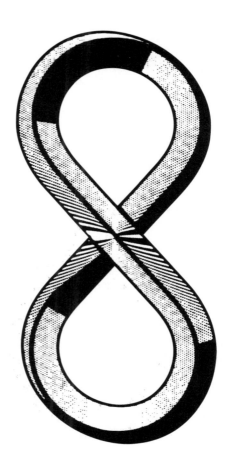

물질

고체든 액체든 기체든, 물질은 공간을 차지하고 질량이
있는 모든 것을 가리킨다. 고대 그리스 학자들도 물질에
대한 원자론을 내놓았지만(p.64), 근대 원자론이 시작된 것은
19세기 초 영국의 화학자 존 돌턴John Dalton 에 의해서다. 그는
균일 물질이 원자라고 하는 동일한 미세 입자로 이루어지며,
원자는 눈에 보이지 않고 화학반응이 일어나는 동안에도
변하지 않는다고 했다.

돌턴은 원자와 분자를 구분하지 않았다. 원자는 수소, 산소,
철, 금, 우라늄 등 원소의 기본단위이고 저마다 질량과 화학적
특성이 다르다. 분자는 화합물의 기본단위로 대개 서로 다른
원소의 원자 하나 이상으로 이루어진다. 예를 들어 물 분자는
수소 원자 2개와 산소 원자 1개로 이루어진다.

19세기 말에 영국 물리학자 J. J. 톰슨은 원자 안에서
미세한 음전하 입자인 전자를 발견했다. 이는 원자를 나눌
수 있다는 사실을 보여 주었고, 원자 구조에 대해 집중적인
연구를 불러일으켰다. 그렇게 하여 탄생한 원자 구조의
모형은 대부분 텅 빈 공간인 원자 안에 미세한 핵이 있고

그 주위에는 음전하 전자의 '구름'이 자리한 모습이다.
원자 질량의 대부분을 차지하는 핵은 양성자(양전자를 가진
입자)와 중성자(전하를 띠지 않는 입자)로 구성된다. 그 후로 계속
기본 입자에 대한 연구가 이루어졌고 입자 물리학의 '표준
모형'[p. 186]이 탄생하게 되었다.

물질의 속성에 대한 기존의 가정은 양자론[p. 182]의
등장으로 더욱 약해졌다. 양자론에서는 무엇보다 전자를
비롯한 여러 입자가 파도처럼 움직일 수 있다는 개념을
도입했다. 물질이 창조 또는 파괴될 수 있다는 가정
역시 아인슈타인이 '$E=mc^2$'라는 공식을 내놓으면서
무너졌다[pp. 184, 185]. 이 방정식은 핵무기나 원자력의 토대인
핵분열과 핵융합에서 보듯 물질이 에너지로, 에너지가
물질로 전환될 수 있다는 사실을 알려 준다.

파동이론

　'파동' 하면 물줄기의 높고 낮은 기복 상태를 떠올린다.
소리와 빛, X-선에 이르기까지 수많은 물리적 현상이
파동으로 이루어진다. 파동은 어떤 매체나 공간에 의해
전달되는 모든 주기적 변화나 진동을 가리킨다. 대부분의
파동은 에너지를 공간 이동 시킨다. 예를 들어 음파音波는
기계 에너지를 이동시키고 광파光波는 전자기 에너지〔p.180〕를
이동시킨다. 횡파橫波는 진동이 이동 방향과 수직을 이루고
종파縱波는 진동이 이동 방향과 일치한다.

횡파

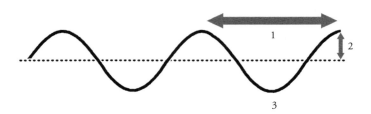

모든 파동에는 파장, 진폭, 진동수라는 세 가지 공통적인
특징이 있다. 파동은 반사(표면에서 튕겨 나옴), 굴절(또 다른
매체를 통해 진행 방향이 바뀜), 회절(좁은 틈을 통해 이동한 뒤에 뒤쪽으로
퍼져 나감)이 가능하다. 이 세 가지는 서로의 작용을 방해할
수 있다. 파동의 공통적인 특징은 어떤 파동이든 상관없이
비슷한 수학 공식으로 설명할 수 있다.

1. 파장: 연속적인 파동의 마루 또는 골 사이의 거리
2. 진폭: 파동이 진동하는 높이 또는 폭
3. 진동수: 1초당 발생하는 파동의 마루 또는 골

종파

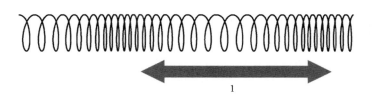

1

뉴턴역학

　역학은 물리학의 한 분야로 물체의 움직임을 설명한다. 그것은 은하계의 움직임이 될 수도 있고, 아원자의 움직임이 될 수도 있다. 행성의 궤도에서 날아가는 포탄까지를 포함하여 운동 유형의 대부분은 영국의 물리학자이자 수학자인 아이작 뉴턴이 내놓은 세 가지 운동 법칙과 중력의 법칙으로 설명할 수 있다.

　뉴턴의 법칙은 힘의 개념을 토대로 이루어진다. 힘은 물체의 속도 변화율을 바꾸는 모든 것을 말한다. 이 변화율에는 균일한 방향으로 가속 또는 감속되거나 운동의 방향이 바뀌는 것이 포함될 수 있다.

　뉴턴의 세 가지 운동 법칙 중 첫 번째는 관성의 법칙이다. 외부의 힘이 작용하지 않는 한 물체는 계속 정지해 있거나 일정한 속도에서 운동을 계속한다. 계속해서 정지 상태에 있거나 일정한 속도의 운동을 계속하려는 성질을 관성이라고 하는데, 관성은 물체의 질량에 따라 달라진다. 두 번째는 가속도의 법칙이다. 물체에 가해진 힘의 크기는 가속도에 비례하며, 가속도는 질량과 속도에 의해 생긴다. 세 번째는 작용-반작용의 법칙이다. 물체 간에 작용하는 힘은 늘 한 쌍으로 작용하며 그 방향은 반대이나 크기는 같다.

중력의 법칙은 우주의 모든 물체에는 서로 끌어당기는 힘인 중력이 작용하는데, 그 힘의 크기는 물체의 질량에 비례하고 물체 간 거리의 제곱에 반비례한다는 내용이다. 중력은 자연계의 기본 힘 중 하나인데, 중력에 대해 완전하게 밝혀지지는 않았다.

뉴턴의 법칙은 예측의 힘과 실제적인 응용에서 대단히 성공적임이 증명되었다. 그러나 상대성이론(p.184)과 양자론(p.182)은 뉴턴의 법칙이 빛의 속도에서나 아원자의 측면에서는 적용되지 않음을 밝혀냈다.

전자기

　전자기와 전기는 19세기 초반까지만 해도 폭넓은 이해가 이루어지지 못한 분야였다. 하지만 당시 여러 실험에서 구리선을 통해 흐르는 전류가 옆에 있는 자기 나침반에 영향을 끼친다는 사실이 밝혀졌다. 이로써 서로 떨어져 있어도 전자기와 전류 사이에 힘이 작용한다는 사실이 분명해졌다.

　1831년에 영국의 물리학자 마이클 패러데이Michael Faraday 는 철사를 변화하는 자기장에 노출시키면 전류가 발생한다는 사실을 증명했다. 이는 전자발전기의 기초가 되었고, 그 반대 과정은 전동기의 기초가 되었다.

　그 후 19세기에 스코틀랜드의 물리학자 제임스 클러크 맥스웰James Clerk Maxwell 이 전기와 자기장이 단일한 전자기력이며, 전기진동이 전자기파를 발생시킨다는 이론을 내놓았다. 이어진 연구를 통해 그의 이론이 증명되었고 전파나 눈에 보이지 않는 빛, X-선까지 모든 현상이 전자기의 성질을 떠고 있음이 밝혀졌다

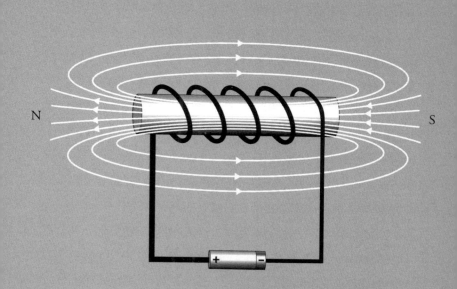

칠심에 전선을 감아서 만든 전자석. 전선을 통해 전류가 흐르면 핵 내부와 주변에
자기장이 발생한다.

양자론

    19세기 말로 가면서 전자기 복사에 관련된 현상들을 기존의 물리학으로는 답할 수 없다는 의구심이 제기되었다. 그러다 1900년에 독일의 물리학자 막스 플랑크Max Planck가 빛을 포함한 전자기 복사선이 연속적인 파동이 아닌 양자quanta라고 하는 불연속적인 다발로 에너지를 내놓는다고 주장했다. 플랑크는 각 양자의 에너지(E)를 파동의 진동수(f)와 연결시켜서 'E=hf'라는 공식을 만들었다. 여기서 'h'는 '플랑크 상수'라고 부른다.

    광전효과는 훨씬 수수께끼 같은 현상이었다. 특정한 금속에 빛이나 다른 형태의 전자기 복사선을 비추었을 때 전자가 튀어나오는 현상이 바로 광전효과다. 1905년에 알베르트 아인슈타인은 빛에 대한 플랑크의 양자론이 정확해야만 광전효과가 설명될 수 있다고 했다. 광전효과는 빛이 파동이 아니라 입자 줄기(현재 광자로 알려짐)처럼 움직인다는 것이다. 20년 후 프랑스의 물리학자 루이 드브로이Louis de Broglie는 전자에 '파동과 입자의 이중성'이 있다고 주장했다.

덴마크의 물리학자 닐스 보어Niels Bohr는 플랑크의 이론에
영향을 받아 1913년에 원자〔pp. 174, 175〕 내부의 전자는
특정하게 허용된 궤도로만 움직이며, 각 궤도의 에너지
수치는 다르다고 주장했다. 전자가 에너지 수치가 높은
곳에서 낮은 곳으로 내려갈 때 양자로 복사에너지가 나온다.

독일의 물리학자 베르너 하이젠베르크Werner
Heisenberg는 1927년에 유명한 불확정성 원리를 발견했다.
뉴턴역학〔p. 178〕은 물체의 위치와 가속도를 무한한
정확성으로 동시에 측정할 수 있다고 가정한다. 이에 반해
불확정성 원리는 측정 행위 자체로 결과가 바뀌므로 원자와
아원자는 정확한 측정이 불가능하다는 내용이다.

인과관계 같은 여러 개념 틀의 기반을 약화시키는
양자론은 상식에 반하는 것처럼 보일지도 모른다. 하지만
양자론은 현대 컴퓨터 기술의 기초를 이루는 반도체를
비롯하여 무수히 많은 분야에 응용된다.

상대성이론

　뉴턴역학은 질량과 공간, 시간이 모두 절대적이라고
주장한다. 거의 모든 실질적인 목적으로는
완벽하게 들어맞는 가정이다. 하지만 아인슈타인의
특수상대성이론(1905)과 일반상대성이론(1915)을 통해
뉴턴역학이 적용되지 않는 특정 상황이 있음이 밝혀졌다.
　특수상대성이론은 빛의 속도보다 빠르게 움직이는 것은
없으며 진공상태에서 빛은 관찰자의 움직임과 상관없이
연속적이라고 말한다. 만약 물체가 관찰자를 빠르게
지나갈 경우 더 짧고 질량이 커 보인다. 하지만 이 효과는
빛의 속도에 가까운 속도일 때만 의의가 있다. 마찬가지로
관찰자와 비슷한 속도로 움직이는 시계는 관찰자가 움직이지
않을 때는 더 느리게 간다.
　한편 일반상대성이론은 시공의 개념[p.168]을 제안하는데,
물체의 질량은 중력을 통해 공간과 빛을 '왜곡'시킬 수
있다는 내용이다. 이어진 실험을 통해 아인슈타인의 이론이
증명되었다.

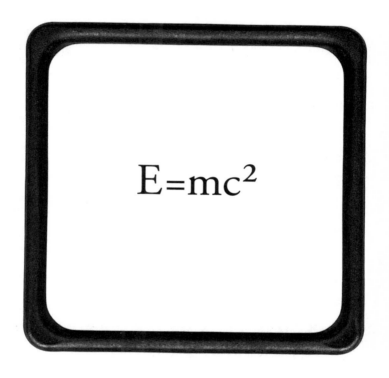

$$E=mc^2$$

아인슈타인의 유명한 공식. 에너지(E)는 질량(m)에 빛의 속도(c)의 제곱을 곱한 값과 같다.

표준 모형과 끈 이론

입자 물리학의 표준 모형은 '거의 모든 것에 관한 이론'이라고 설명되었다. 자연계의 네 가지 기본 힘 중에서 세 가지와 관계있으며, 양자역학을 이용해 그 힘들이 아원자입자에 끼치는 영향을 설명한다.

20세기 중반의 이론물리학자들은 기존 원자 구조의 모형(pp. 174, 175)을 토대로 다양한 아원자입자를 제시했다. 다양한 실험 결과에서 제시된 가상의 입자 중 다수의 존재가 그 이후의 연구를 통해 인정되었다. 예를 들어 1964년에 미국의 물리학자 머리 겔만Murray Gell-Mann은 원자핵을 이루는 양성자와 중성자가 또다시 각각 그보다 작은 입자인 3개의 쿼크quark로 이루어진다고 주장했다. 그 후 실제로 쿼크가 발견되었다.

쿼크는 소립자의 종류로 다양한 '맛'과 '색깔'을 띤다. 강력한 핵력核力이 쿼크를 잡아 두고 있으며, 글루온gluon이라고 하는 소립자의 교환을 통해 쿼크의 상호작용이 이루어진다. 즉 글루온은 자연계의 기본 상호작용을 매개하는 소립자인 게이지 보손gauge boson이다.

특정한 방사능과 관련 있는 약한 핵력을 매개하는 소립자는 W와 Z 보손이고, 전자기력을 매개하는 소립자는 광자다. 전자기력은 광자나 전자처럼 전기를 띤 입자 간의 상호작용을 일으킨다. 전자는 세 번째 소립자인 경입자에 속한다. 경입자에는 전기적으로 중성이고 질량이 0에 가까운 중성미자가 있다.

표준 모형은 자연계의 네 번째 기본 힘인 중력에는 부합하지 않는다. 중력은 일반상대성이론(p.184)의 영향을 받는다. 중력까지 표준 모형에 통합하려면 네 번째 게이지 보손인 중력자가 필요한데, 중력자는 아직 실험적으로 밝혀지지 않았다.

양자역학과 일반상대성이론을 조화시켜서 '만물의 이론'을 만들려는 시도가 바로 끈 이론이다. 끈 이론에서는 전자와 쿼크가 진동하는 1차원의 '끈'이라고 주장한다. 끈 이론은 관찰되지 않는 추가적인 차원을 필요로 하므로 여전히 논란이 많고, 검증 가능한 예측이 이루어지지 않았다.

빅뱅 이론

1929년에 미국의 천문학자 에드윈 허블Edwin Hubble은 여러 은하계가 지구에서 멀리 이동할 뿐만 아니라 거리가 멀수록 빠른 속도로 멀어진다는 사실을 발견했다. 이는 우주가 팽창하며 거대한 '대폭발(빅뱅)'을 통해 생겨났다는 이론을 탄생시켰다. 오늘날 대부분의 과학자는 우주 대폭발이 137억 년 전에 일어났다는 데 동의한다.

태초의 우주는 작고 밀도가 높고 뜨거웠으며, 가장 단순한 소립자들로 이루어졌다. 우주의 팽창은 엄청나게 빠른 속도로 진행됐다. 단 몇 분 만에 양성자와 중성자가 합쳐져 수소와 헬륨의 핵을 이루었고, 그것들이 합쳐져 별을 이루기 시작했으며, 그 안에서 또 다른 요소들이 만들어졌다. 확장은 그 후로도 계속되었지만 영원히 계속될지는 알 수 없다. 우주가 충분한 질량에 도달하면 중력이 우주를 잡아당겨 '대수축'이 일어날 수 있다(어쩌면 그 후 또다시 대폭발이 일어날지도 모른다). 또는 우주가 영원히 팽창을 계속한다면 오랜 빙하기가 찾아올 것이다.

처음 10억 년간의 우주

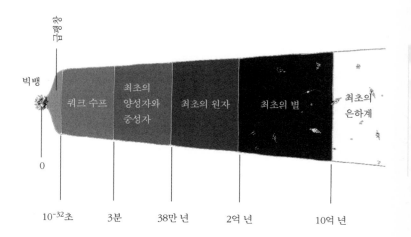

카오스이론

카오스이론은 복잡하고 역동적인 체계 내부의 초기
상태에서 나타나는 작은 차이가 얼마나 다른 결과를
만들어 내는지 연구하는 수학의 한 분야다. 기상학, 생물학,
물리학 등 다양한 분야의 체계에 응용되었다. 비록 임의적
요소가 없는 결정론적 체계이지만 혼돈을 일으키는 방식의
움직임이 예측을 매우 어렵게 한다.

카오스이론의 초기 선구자는 미국의 수학자이자
기상학자인 에드워드 로렌즈Edward Lorenz다. 로렌즈는
1961년에 컴퓨터 모형을 사용해 날씨를 예측했다. 온도나
습도, 기압, 바람의 세기와 방향 같은 상호의존적 변수와
관련된 데이터를 입력했다. 처음에 프로그램을 실행했을
때 변수 중 하나로 0.506127을 입력했다. 그다음 다시
프로그램을 실행할 때는 반올림하여 0.506을 사용했다.
두 번째 결과로 예측된 날씨는 첫 번째와 완전히 달랐다.
0.000127이라는 미세한 차이로 엄청나게 다른 결과가 나온
것이다.

1963년에 동료 중 하나가 로렌즈에게 만약 그의 이론이

사실이라면 "갈매기의 날갯짓 한 번으로 영원히 날씨가 바뀔
것"이라고 했다. 로렌즈는 1972년에 「예측성: 브라질 나비의
날갯짓이 텍사스에 토네이도를 일으킬까?Predictability: Does the
Flap of a Butterfly's Wings in Brazil Set Off a Tornado in Texas?」라는 논문을
발표했다. 이 논문 이후로 카오스이론에는 '나비효과'라는
유명한 명칭이 붙었다. 물론 나비 한 마리의 날갯짓이 직접
토네이도를 일으키지는 않는다. 수많은 요인이 작용해야
한다. 그러나 이 말은 변화를 나타내는 비유적 표현이다.
사소한 움직임이 쌓여서 한계점을 무너뜨릴 수 있다는
뜻이다.

　카오스이론은 이름과는 달리 매우 엄격한 수학 이론이다.
간질 발작을 유발하는 요인에서부터 움직이는 차량에 항력을
만드는 난류, 야생동물 개체수의 변동, 혼잡한 도시의 교통
체증에 이르기까지 수많은 임의적 체계의 기저를 이루는
숨은 질서를 찾는 데 도움이 되었다.

인공지능

1950년에 영국의 수학자 앨런 튜링Alan Turing은 기계가 지능을 갖추었는지 판별하는 테스트를 제안했다. 세 개의 방 중 첫 번째 방에 있는 사람이 두 번째 방에 있는 사람과 세 번째 방에 있는 컴퓨터에 질문을 하는 방식이다. 첫 번째 방에 있는 사람이 자신의 질문에 답하는 대상이 사람인지 기계인지 판단할 수 없으면 그 기계는 이른바 '튜링 테스트'를 통과한 것이다. 이 테스트의 타당성에 수많은 사람이 의구심을 표현했다.

유명한 '생각 실험'도 있다. 영어밖에 모르는 한 사람이 방에 앉아 있고, 방에는 중국어로 된 답변 목록이 준비되어 있다. 밖에서 누군가가 중국어로 된 질문지를 문 아래로 밀어 보내면, 방에 있는 사람은 준비된 목록에 따라 답변지를 내보낸다. 사실 그는 주어진 목록에 따라 답변했을 뿐이므로 그가 중국어를 할 줄 아는 사람인지 아닌지 알 수 없다. 결과적으로, 컴퓨터가 올바른 답을 하도록 만들어졌다 해도 절대로 의식과 지능을 갖추었다고는 할 수 없다.

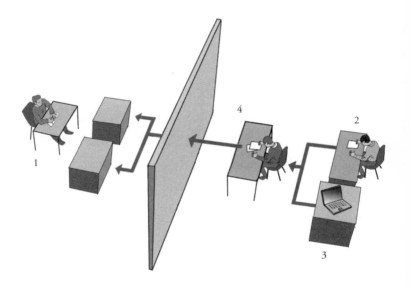

튜링 테스트에서는 질문자(1)가 다른 방으로 질문을 보내고 지원자(2)와
컴퓨터(3)가 답한다. 실험 통제자(4)는 사람과 컴퓨터의 답 중에서 어느 쪽을
질문자에게 보낼지 임의로 결정한다.

세균 이론

여러 질병의 원인은 오랫동안 수수께끼로 남아 있었다. 독이나 오염된 공기 때문이라고 하는 사람도 있고, 신이 내린 벌이라고 말하는 이들도 있었다. 오스트리아의 빈에서 활동하던 헝가리 출신의 산부인과 의사 이그나즈 제멜바이스Ignaz Semmelweis는 1840년대에 의사가 분만을 도운 산모의 경우 산파가 분만을 도운 산모보다 산욕열 발생률이 훨씬 높다는 사실을 발견했다(단, 산모의 사망률은 산파가 분만을 도운 경우에 더 높았다). 그는 의사가 사망 환자를 부검한 뒤 손을 씻지 않고 그대로 산모의 분만을 도왔기 때문이라고 생각하고, 환자를 진료하기 전에 반드시 소독을 해야 한다고 주장했다. 하지만 제멜바이스의 주장은 당시 엄청나게 적대적인 반응을 불러일으켰고 거의 무시되었다.

1850년대에 런던에서 콜레라가 발병했을 때, 의사 존 스노John Snow는 발병 지역을 집계한 결과 특정한 펌프를 사용해 식수를 얻은 사람들에게서 가장 많이 발병했다는 사실을 발견했다. 그 펌프의 손잡이를 제거하자, 발병률이 크게 줄었다.

이러한 연관성은 병이 어떻게 퍼지는지를 보여 주었다. 일부 학자는 병인病因이 현미경을 통해서만 볼 수 있는 미생물인 세균일 것이라고 주장했다. 미생물이 일으키는 병을 예방하고 치료하는 방법을 찾은 사람은 프랑스의 미생물학자 루이 파스퇴르였다. 그는 광견병과 탄저병 백신을 개발했다. 독일의 의사 로베르트 코흐Robert Koch 또한 중요한 역할을 했다. 그는 콜레라와 결핵 같은 병을 일으키는 세균을 발견했고, 질병의 원인이 세균인지 알아내는 기준을 세웠다.

질병에 관한 세균 이론은 청결을 강조한 제멜바이스의 주장이 옳았음을 증명했다. 1870년대에 영국의 외과 의사 조지프 리스터Joseph Lister는 무균 수술법을 개척했다. 그 후 스코틀랜드의 미생물학자 알렉산더 플레밍Alexander Fleming이 1928년에 페니실린을 개발함으로써 엄청난 혁신이 이루어졌다. 페니실린은 최초의 항생제로, 세균이 옮기는 무수히 많은 질병에 효과가 있음이 증명되었고 수많은 인류의 목숨을 구했다.

진화

다윈이 『종의 기원』(1859)에서 설명한 자연선택에 의한
진화는 가장 단순하고도 뛰어난 과학 이론 중 하나다. 또한
진화론은 인간의 인간에 대한 생각도 바꿔 놓았다〔pp. 30, 32, 123,
242, 366〕.

다윈은 수십 년 동안 증거를 수집하고 체계적으로 정리한
끝에 진화론을 발표했다. 지질학자들이 이미 지구의 역사가
기존의 생각보다 훨씬 오래되었다는 사실을 입증한 터였고,
고대의 지층에서 이미 멸종한 동물의 화석도 발견되었다.

고대의 화석들을 당대 비슷한 종들과 비교한 다윈은 비슷한
무리의 종들이 똑같은 조상으로부터 조금씩 진화해 왔다고
주장했다. 그가 제시한 진화 방식이 바로 자연선택으로,
다음과 같은 과정을 거친다. 어떤 개체에서 가끔 주변
환경에 더 적합한 무작위 돌연변이가 일어난다. 그런 개체는
번식에 성공하고 다음 세대에 적응이 이루어진다. 이렇게
하여 인간을 비롯한 새로운 종이 등장한다.

본성 대 양육

　다윈은 자연선택에 의한 진화론〔p.196〕을 창시했지만, 개체가 새롭게 적응한 점이나 특징이 다음 세대로 어떻게 전해지는지는 알지 못했다. 다윈과 동시대를 산 오스트리아 수도사 그레고어 멘델Gregor Mendel이 그 답을 찾아냈다. 하지만 애석하게도 그 내용은 무명의 학술지에 실렸고, 오랫동안 관심을 받지 못했다.

　멘델이 유전법칙을 발견하기 전에는 부모가 가진 특징이 혼합되어 자손에게 유전된다는 생각이 퍼져 있었다. 멘델은 완두콩 교배를 통해 꽃의 색깔 등을 비롯한 특징이 부모의 유전자 중 하나를 통해서만 유전된다는 사실을 발견했다. 이처럼 특징을 전달하는 단위를 유전자라고 한다.

　다음 혁신은 1953년에 미국의 제임스 왓슨James Watson과 영국의 프랜시스 크릭Francis Crick이 유전적 특징이 전달되는 방법을 밝히면서 일어났다. 유전의 핵심이 되는 것은 바로 DNA라고 하는 복잡한 분자로, 그것은 모든 생물의 세포마다 들어 있다. 생물의 DNA는 저마다 고유하며(클론을 제외하고), 해당 개체가 성장하는 방식을 나타내는 암호를 담고 있다.

그렇다면 생물의 행동 방식이 전적으로 DNA에 의해 결정되는가 하는 문제를 생각해 볼 수 있다. 만약 그렇다면 나아가 결정론과 자유의지, 인간의 본성이 존재하는지 아닌지〔pp. 20, 46, 50〕와 관련된 질문이 제기된다. 정치적 의미가 함축된 질문들이다. 진화심리학자들은 대부분의 행동은 미리 결정된다고 주장하지만〔p. 366〕, 인지심리학자들은 학습의 중요성을 강조하고〔p. 368〕 사회학자와 인류학자 들은 사회와 문화가 개인에 끼치는 영향력을 중시한다. 전반적으로 과학계에서는 유전과 환경, 즉 본성과 양육 모두가 인간에게 영향을 끼친다는 사실에 동의한다.

정치학

정치는 예술과 과학 모두로 설명되어 왔다. 정치라는 말은 그 자체가 다양하게 정의된다. 국가를 비롯한 정치 단위의 창조와 운영에 관한 연구 및 관행을 가리킬 수도 있다. 사회 속 개인의 관계, 특히 권력 및 권위와 관련된 관계도 포함된다. 정당의 동원, 정책 고안, 선거운동, 정부 형성과 같은 활동을 나타내기도 한다. 또한 정치는 어느 정도 타협이나 의견 일치를 위한 투쟁과 관련 있다.

정치에 관한 유명한 관점인 '가능성의 예술'은 아리스토텔레스로 거슬러 올라간다. 그는 정치를 국가 안에 존재하는 다양한 이해관계를 통제하고 조화시키는 예술로 보았다. 이것과 가장 일치하는 모습이 민주주의이지만, 대단히 권위주의적인 국가라도 통치자가 이해관계를 조절할 필요가 있다.

지적 연구 주제인 '정치사상' 또는 '정치 과학'은 국가와 정부, 주권, 법, 통치하는 사람과 통치받는 사람의 관계, 대표 방식 등에 관한 이론을 아우른다. 또한 헌법, 의회, 투표 제도 같은 정치 기관에 대한 기술 연구와 비교 연구도 포함된다.

또한 정의, 권위, 평등, 자유와 같은 정치 담론의 토대를
이루는 기본 가치에 대해 비판적이고 정밀한 연구를 하는
좀 더 심오하고 철학적인 접근법도 있다.

　　정치적 신념과 가치는 평화주의 같은 단일 쟁점에서
파시즘이나 공산주의 같은 전체주의 체제에 이르기까지
다양한 이데올로기와 정치 운동에서 찾아볼 수 있다.
그 사이에 보수주의·자유주의·사회민주주의 같은 다양한
정치적 전통이 존재하고, 저마다 이상적인 사회와 경제 등의
정책을 내놓는다. 정치학자들은 경제적, 사회적, 역사적,
철학적 등 다양한 관점으로 정치 이데올로기나 운동을
연구한다.

국가

 시민사회〔p.214〕와 대조적인 개념인 국가는 법 제도와
그것을 실행할 힘을 가진 정부로 개인들이 정식으로 구성한
것이다. 국가는 여러 측면에서 개인과 비슷하다. 국가는
대중적으로 그리고 국제법상으로 행동에 책임을 져야
하고 권리와 의무를 진다. 시간이 지날수록 국가는 개인의
정체성 비슷한 것을 습득하는데, 그런 까닭에 국가를 엉클
샘(옆쪽)이나 존 불(John Bull, 엉클 샘이 미국을 상징하듯이 영국을
상징하는 인물. 옮긴이) 같은 사람으로 형상화하기도 한다.

 국가는 상호 이익을 위해서 자발적으로 모인 개인
동맹이라고 볼 수 있다. 이것이 바로 사회계약〔p.212〕이라는
개념이다. 또한 권력의 측면에서도 볼 수 있는데, 국가는
영토 안에서는 무력의 독점과 합법화를 인정받기 때문이다.
마르크스주의자들에게 국가는 특정 경제 단계에서
자본주의적 생산을 막기 위해 등장하는 제도다.

정부

정부는 대개 국가〔p.202〕의 틀 안에서 개인과 사회 전체를 통제하는 조직이다. 정상적으로는 법의 공표와 시행을 통해 그렇게 한다.

현대 국가들은 대부분 일정한 헌법 체계를 보유하고 있다. 헌법은 정부의 힘을 정의하고 제한하며, 개인의 권리를 나타내는 기본법의 집합이다〔p.210〕. 정부의 무분별한 권력 행사를 저지하는 방식의 효율성은 국가마다 다양하지만, 최소한 이론적으로는 대개 법정을 통하여 바로잡을 수 있다.

정부 형태는 시대와 지역에 따라 다양하게 분류되었다. 고대 그리스의 아리스토텔레스는 군주제(1인 통치이지만 다수의 이익 추구), 독재(단 한 사람의 통치자가 자신의 이익 추구), 귀족제(아리스토텔레스에 따르면, 덕을 기초로 선택된 소수가 통치하고 다수의 이익 추구), 과두제(부를 토대로 선택된 소수가 통치하며 자신들의 이익 추구), 민주제(다수에 의한 통치) 등 다섯 가지가 있다고 보았다.

아직도 전 세계에는 선거를 거쳤든 그러지 않든 독재자들이 많이 존재하며, 소수의 집권층이 과두제처럼

권력을 장악한 국가들도 있다. 아리스토텔레스가 말한
'귀족제'가 현대로 이어진 형태가 바로 능력주의일 것이다.
가장 능력 있는 사람들이 권력을 손에 넣는다는 얘기로,
그들은 선거를 통해 선출된 정치인일 수도 있고 그렇지
않을 수도 있다. 아리스토텔레스가 구분한 정부 형태에
신권정치를 추가할 수도 있다. 말 그대로 '신에 의한 통치'를
말하는데, 이를테면 탈레반에 지배당한 아프가니스탄처럼
종교 지도자가 지배하는 국가다.

  오늘날에도 군주제가 남아 있기는 하지만 대부분 군주는
명목상의 의례적인 존재일 뿐이다. 민주주의〔p.228〕는 현재
세계에서 가장 보편적인 정부 형태로, 대부분 국가는 군주가
아니라 선출된 대통령이 국가의 수장인 공화국이다.

주권

주권은 최고의 지배권이라는 점에서 두 가지 측면을 지닌다. 국제법에서 주권국가는 해당 영토에 대한 최고의 지배권을 가진다고 세계적으로 인정되는 국가다. 하지만 국가의 주권은 타협의 대상이 되기도 한다. 예를 들어 유럽연합 같은 초국가적 조직의 회원 자격을 얻었을 때가 그런 경우다. 경쟁국이 특정 영역에 대한 주권을 주장할 경우 국가 간에 갈등이 발생할 수 있다.

국가 안에서는 주권이 누구에게 있는지에 대한 질문이
제기되기도 한다. 예전 유럽의 군주제 국가들에서는 주권이
군주에게 있다고 보았다. 하지만 당시에도 종교 및 영적
사안에 대한 관할권을 두고는 로마가톨릭교회와 분쟁이
있었다. 영국에서는 의회민주주의가 발달했는데, 사실상의
행정 권한은 내각에 있지만 법적 주권이 '의회의 왕(또는
여왕)'에게 있다는 사상이 등장했다. 미국에서는 내적 주권이
헌법〔p.210〕에 귀속된다.

법

    법 제도의 보유는 국가의 가장 중요한 특징이다. 법은
일반적으로 모든 국민에게 평등하게 적용되며 피지배자에
대한 지배자의 힘을 제한한다. 한 예로 고대 그리스에서는
읽고 쓰는 능력의 확대와 법의 공개적인 전시가 합쳐져서
귀족의 권력을 제한하고 민주주의로 이어지는 데 기여했다.

    적어도 이론적으로 법은 정의를 구현하고 실행하도록 되어
있다. 하지만 불공평한 법이 존재하지 않는다는 뜻은 아니다.
재판관은 정의를 구현하기 위해 중립적이어야 하고 법정은
언론과 대중에 공개되어 법을 공정하게 집행할 뿐 아니라 그
과정을 볼 수 있게 해야 한다.

    서구 사회의 법체계는 주로 두 가지다. 하나는 유럽
대륙에서 널리 시행되는 로마법인데 고대 로마에서
비롯되었다. 로마법은 일반 규정을 토대로 한다. 19세기
초반에 프랑스를 비롯한 여러 국가에서 공포한 나폴레옹
법전 등이 그 예다. 재판관 또는 치안판사가 사건을 맡아
증인에게 질문하고 판결을 내린다.

    반면 미국과 영국 등 다수의 연방국가에서 채택한

관습법은 의회나 국회에서 통과된 법이 아니라 선례로 되어
있다. 즉 어떤 사건에 대해 그 전에 일어난 비슷한 사건의
판결이 법적 구속력을 가진다. 선례에 따른 재판 결과는
법이나 더 높은 법정에 의해서만 번복할 수 있다. 관습법
체계에서 재판 과정은 대립적이다. 양쪽 변호사들이 판사
앞에서 변론을 펼친다. 재판 결과는 경우에 따라 재판관이나
배심원이 내린다. 일반 시민으로 이루어진 배심원은 사건의
증거를 고려해 합리적인 결론을 내리는 역할을 한다.

입헌주의

대부분 국가에는 성문화된 헌법이 있다. 헌법은 정부의 힘을 규정하고 제한하며, 정부 대표를 선출하는 방법을 나타내고, 개인의 권리를 보장한다. 입헌 정부는 정치적 자유를 구현하고 국민의 뜻을 대변하도록 되어 있다.

헌법 사상은 17세기와 18세기에 발전했는데 사회계약(p.212)이라는 개념을 통해 등장했다. 영국은 군주의 권력이 의회의 뜻에 의해 제한되는 입헌군주제 초기 국가이지만, 드물게도 성문헌법이 없다. 최초의 중요한 성문헌법은 1780년대에 나온 미국의 헌법이다. 미국 헌법은 개인과 주정부, 연방정부 간의 견제와 균형을 정하고 권력분립의 원칙을 확립했다. 이는 현재 대부분의 헌법에서 찾아볼 수 있다.

사회계약

사회계약 사상은 대부분 헌법 사상의 이면에 존재한다. 사회계약에서 개인은 자유와 주권을 정부에 내주고 정부는 법의 지배를 통해 사회질서를 확립하고 유지하는 역할을 한다.

영국의 철학자 토머스 홉스는 영국 내전 기간에 사회계약설을 내놓았다. 그는 1651년에 저서 『리바이어던』에서 국가가 없는 자연 상태에서 인간의 삶은 "고독하고 가난하고 험악하고 잔인하고, 그리고 짧다"라고 했다. 그는 사람들이 절대적 주권에 대한 복종에 합의할 때만 평화로운 삶을 살 수 있다고 믿었다.

같은 세기 후반에 역시 영국의 철학자 존 로크는 두 개의 논문으로 구성된 『통치론』 중 「제2론 Second Treatises of Government」(1690)에서 절대주의를 거부했다. 이 논문은 명예혁명 직후에 쓰여졌다. 명예혁명은 절대주의 성향을 가진 왕 제임스 2세를 몰아내고 국민에게 권리와 자유의 보호를 약속한 윌리엄 3세를 왕위에 즉위시킨 혁명이다. 로크는 합법적인 정부는 오로지 피지배층의 합의를 통해서만 존재할 수 있다고 주장했다. 피지배층은 정부의 존재를 인정함과 동시에 자연권을 내주지만 국민으로서의 권리를 보장받는다. 만약 정부가 국민의 권리를 보호하지 않는다면 국민은 정부를 교체할 권리가 있다. 이러한 급진적 사상은 1776년에 미국이 독립선언을 하는 데 막대한 영향을 끼쳤다.

1789년에는 프랑스혁명이 일어났다. 이 혁명에 영향을 끼친 세 번째 사회계약론은 프랑스의 철학자 장 자크 루소가 저서 『사회계약론』(1762)에서 제안했다. 루소는 시민들이 법 제정에 관여할 때만 법이 시민에 대해 구속력을 가진다는 '인민주권'을 주장했다. 정부는 언제나 일반의지(사회계약의 당사자인 공적 주체로서 국민 일반의 의지. 옮긴이)와 일치해야 하고 개인은 일반의지에 따라야 한다. 루소의 사회계약론은 특히 전체주의 성향을 가진 좌파들이 개인의 자유를 억압하는 일을 정당화하는 데 악용되기도 했다.

시민사회

시민사회는 정부와는 별개인 조직들로 국가 안에
이루어진다. 이를테면 임의단체와 사교 및 스포츠 클럽 회원,
시위 집단, 교회 신자 등 상호 합의와 자유로운 유대에 의해
모인 사람들로 구성된 다양한 조직이다. 시민사회는 정치적
측면이 나타난다는 점에서 일반 '사회'와 구분되는데, 국가의
허가 없이 집단행동을 하는 조직이다.

시민사회의 발달은 민주주의의 중요한 필수 조건으로
여겨진다. 반면 전체주의(p. 226)에서는 시민사회를 허용하지
않으며 모든 활동을 국가가 통제하려고 한다. 시민사회는
공산주의였던 국가들에서도 다시 등장했다. 하지만
중국에서는 시민사회가 여전히 초기 단계에 머물러 있으며
위험에 처해 있다. 안정된 민주주의 국가에서도 국가의
책임과 시민사회의 책임을 둘러싼 공방이 계속되고 있다.

폭력

　'살인하지 말라'는 도덕규범은 법에서도 널리 수용된다. 이것은 신이 모세에게 준 십계명에서도 가장 강력한 항목이라고 『성경』에 기록되어 있으며, 모든 유일신 종교에서 영속한다. 인간의 성향상 어떤 식으로든 제약이 따르지 않으면 살인을 할 수 있다는 점을 인식한 조항으로 보인다.

　17세기 영국의 철학자 토머스 홉스는 인간이 모여 국가를 형성하기 전까지는 폭력으로 인한 죽음의 공포에 시달리면서 살았다고 말했다. 그는 국가의 주요 의무는 개인의 생명을 보호하는 것이라고 믿었다. 대부분의 법 제도에서 폭력 행위는 범죄로 규정하는데, 낙태나 안락사 등 의견 일치가 어려운 영역도 있다.

　국가는 일반적으로 개인의 폭력 행위를 금지하는 반면, 폭력 행위를 할 수 있는 권리를 보유하고 있다. 일부 국가에서는 억지抑止 또는 정의를 근거로 신체적 처벌 또는 사형을 법적으로 허용한다〔p.348〕. 특정 상황에서는 전쟁 역시 국가법과 국제법상으로 허용된다〔p.220〕. 이에 반해 완전한 평화주의는 소수만 지지한다〔p.222〕.

역사적으로 많은 정치사상가들이 용납할 수 없는 상황을
바꾸기 위해 폭력의 사용을 옹호했다. 1776년에 일어난
미국 독립선언은 존 로크의 사회계약설(p.212)로 반란을
정당화했고, 카를 마르크스와 그 추종자들은 자본주의와
자본주의가 영속화하는 사회적 불평등을 타도하는 혁명은
바람직하고도 필연적이라고 여겼다(p.260).

또한 마르크스주의자들은 '구조적 폭력'이라는 개념을
옹호했다. 국가가 경찰과 군대를 통해 국가의 존재와 연속적
불평등을 유지하려 한다는 점에서 폭력적이라는 뜻이다.
이러한 맥락에서 폭력적 저항은 정당한 것으로 비친다.

억지 이론

억지 이론이란 국가가 군대와 무기를 충분히 보유할
때 다른 국가가 공격하거나 이해관계를 해치지 못한다,
즉 억지할 수 있다는 이론이다. 이 이론은 국가가 전쟁을
치를 가능성이 없기를 바라면서 지출하는 막대한 국방비를
정당화한다.

하지만 이 이론은 결국에는 군비 확장 전쟁으로 이어져
국가 간의 긴장감과 상호 공포를 심화할 수 있다는 데 문제가
있다. 억지 이론은 냉전 시대에 '상호확증파괴(mutually
assured destruction, MAD)'를 통해 어느 쪽이든 먼저 핵공격을
하는 일이 없도록 했다. 누가 먼저 공격해도 보복이 따를
것이고, 그럴 경우 양측이 공멸하는 상황이 되기 때문이었다.
그러나 적의 보복을 피해 갈 수도 있는 탄도요격미사일이
발달하면서 아슬아슬하게 유지되던 '공포의 균형'을
위협하고 있다.

전쟁

전쟁은 보통 악한 행위로 여겨진다. 하지만 역사적으로 볼 때 전쟁을 일으키고 도덕적 또는 법적 근거로 정당화하려 했던 사례는 수없이 많다. 더 악한 행위를 막기 위해서는 악한 행위를 저질러도 된다는 주장이다. 이는 목적이 수단을 정당화한다는 윤리학의 결과주의와 일치한다. 하지만 '살인하지 말라' 같은 도덕적 명령을 절대적으로 보고 모든 상황에 적용하는 의무론적 윤리학의 관점과는 일치하지 않는다(p.118).

'정당한 전쟁'은 중세시대에 로마가톨릭교회가 발전시킨 개념으로 현재 국제법의 일부가 되었다. 정당한 전쟁의 가장 필수적이고도 가장 논란이 되는 요소는 바로 전쟁이 정당할 수 있는 조건인 '정당한 원인'이다. 영토 침략에 대한 방어는 정당한 원인으로 널리 수용되지만, 그 외 조건들은 논란의 여지가 많으니 종교나 이데올로기에 따른 동기, 잠재적 침략에 대한 선제공격, 해외의 경제적 이권을 보호하기 위한 행동 등이다.

정당한 전쟁의 또 다른 요소는 '정당한 의도'다.

즉 전쟁의 이유는 정당한 원인에 포함된 잘못을 바로잡기
위해서여야 한다는 것이다. 그리고 '정당한 권위'는
국제적으로 주권국가로 인정받는 국가만이 군사행동을 할
권위가 있다는 내용이다. 하지만 이 부분에 맞지 않는 상황이
많다. 예를 들어 억압된 국민이 정당하지 못한 법에 저항할
때 군사행동이 타당하다고 보는 시각도 있기 때문이다.

전쟁은 언제나 외교 및 경제 제재가 실패한 이후에 최후
수단으로 고려되어야 하고, 전쟁 행위는 바로잡으려는
잘못에 비례해야 한다. 국제법에서는 제네바조약 등을 통해
전쟁 행위를 완화하고자 한다. 제네바조약은 민간인이나
전쟁 포로들을 보호하기 위해 생겨났다. 이 조약에서는 전쟁
관련 법규를 어길 경우 전쟁범죄로 규정하고 벌한다.

평화주의

평화주의는 살인, 그리고 모든 형태의 폭력이 상황을 불문하고 절대적으로 잘못이라는 입장이다. 평화주의자는 특정 전쟁을 반대하는 사람과 반드시 동일하지는 않다. 후자는 정당화할 수 있는 전쟁도 있다고 생각할 수 있기 때문이다. 평화주의는 종교적 신념에서 비롯되는 경우가 많다. 예를 들어 모든 퀘이커교도가 평화주의자다. 다수의 불교 신자들도 그렇다. 하지만 대부분 교파의 기독교도와 이슬람교도는 '정당한 전쟁'〔p.220〕을 옹호한다.

평화주의는 혼란에 빠진 이상주의라고 조롱당하기도 하지만, 비폭력은 성공적인 정치 전술임이 증명된 바 있다. 20세기 전반에 영국으로부터의 독립 투쟁에서 인도의 마하트마 간디는 비폭력 불복종운동을 전개했다. 이를 비롯하여 비폭력 운동은 1950년대와 1960년대에 마틴 루서 킹이 이끈 흑인 인권 운동에서도 큰 성공을 거두었다.

절대주의

역사적으로 절대적 권력을 행사하려고 한 지배자들은
언제나 있었다. 그렇지만 절대군주제의 이상은 특히
17세기와 18세기 유럽과 관련이 있다. 절대군주제에서는
군주가 국가 안에서 절대적 권력을 행사하며, 군주의 권한은
헌법의 제약을 받지 않는다. 그러면서도 귀족, 교회, 의회
등의 권력은 제한하거나 부정하려고 한다.

절대군주제에서 왕권은 신에게 부여받은 것으로 여겨졌다.
'왕권신수설'이 바로 그것이다. 영국의 제임스 1세가
1610년에 의회에 이렇게 말한 것은 유명하다. "군주제 국가는
지구상에서 가장 높은 자리에 있다. 왕은 이 땅에서 신의
대리인으로서 신의 왕좌에 앉았을 뿐만 아니라 신에 의해 신
같은 존재로 불리기 때문이다."

제임스 1세의 아들 찰스 1세 또한 왕권신수설을 신봉하고
의회의 권력을 무시했다. 이는 영국 내전으로 이어졌고
찰스 1세는 국민에 대한 반역죄로 결국 처형당했다. 내전의
혼란 속에서 철학자 토머스 홉스는 절대적 권력을 가진
군주제만이 국민의 안전을 유지해줄 수 있다는 주장을

펼쳤지만(p.212), 영국에서는 큰 호응을 얻지 못했다.

유럽 절대군주제의 대표적인 인물이 바로 프랑스의
루이 14세다. 그는 "짐이 곧 국가니라L'etat, c'est moi"라는
유명한 말을 남겼다. 그는 1643년부터 1715년까지 70년
이상을 통치했으며, 그 오랜 기간 귀족들의 권력 기반을
약화시키고 자신의 절대 권력에만 집중했다. 유럽의 다른
국가에서도 루이 14세의 절대주의를 따라 하려고 했지만
크게 성공하지는 못했다. 18세기와 19세기에는 국제무역이
발전하고 산업화가 진전되는 경제 변화를 거치며 힘이 도시
자본가(부르주아) 계급으로 옮겨 갔고 그들은 자신들이 정부
대표가 되어야 한다고 요구했다.

전체주의

　전체주의 정부는 절대적 권력을 행사하려고 할 뿐만
아니라 개인의 모든 면을 통제해 모든 개인의 행동과
사고가 국가 이데올로기와 일치하게 만들려고 한다. 가장
대표적인 전체주의는 히틀러의 나치 독일, 스탈린의 소련
등 20세기의 파시스트, 나치, 공산주의 독재국가이다.

　전체주의는 신문이나 라디오, 영화 같은 대중매체가
발달하기 전에는 생겨나기 어려웠을 것이다. 대중매체는
사람들을 끝없이 선동하는 데 사용된다. 대학교를 포함해
학교 역시 비슷한 목적에 활용된다. 또한 군중대회를 통해
국가나 통치 이데올로기의 맥락에서만 개인의 존재에
큰 의미가 있다고 느끼도록 만든다. 따라서 전체주의는
자유민주주의와는 상반된다.

민주주의

　민주주의는 '국민에 의한 통치'로 규정된다. 국민이 모든
사안에 대해 투표를 하는 직접 통치의 형태를 띨 수도
있지만, 그보다는 국민이 직접 뽑은 대표로 구성된 정부를
이루는 형태가 더 일반적이다. 의회민주주의에서도 헌법을
고치는 등 대단히 중요한 사안은 국민투표에 부친다.

　민주주의는 기원전 6세기에 그리스에서 처음 등장했다.
도시국가 아테네에서는 여성과 노예를 제외하고 모든
성인 남성 시민으로 이루어진 의회가 의사 결정을 내렸다.
로마에서는 공화정치(기원전 509~27) 시대에 민주주의 법이
만들어졌다. 처음에는 귀족 계급만 대표(원로원)가 될 수
있었지만 나중에는 평민도 목소리를 낼 수 있도록 호민관
제도가 만들어졌다.

　로마에서는 공화정치 시대에 이은 황제 통치 시대에
민주주의의 시도가 전부 사라졌다. 중세 유럽에서는 군주가
이따금 의회를 소집하는 일도 있었지만, 지극히 소수만이
대표로 선출되었고 실제 권력도 약했다.

　근대적인 민주주의는 매우 서서히 등장했다. 영국에서는

17세기에 의회가 점점 지배적 위치를 차지하게 되면서 왕과의 대립이 오래 지속되었다. 그러나 당시 의회는 선거를 통해 구성되기는 했지만 귀족과 교회, 지주, 부유한 평민 등 지극히 소수만이 대표가 될 수 있었다. 이때까지도 여성은 참정권이 없었다. 오랜 투쟁과 불안의 시기를 거친 후 20세기 초반에 이르러서야 영국의 모든 성인 남녀가 참정권을 가지게 되었다.

다른 국가들도 노동자와 소수민족, 여성의 참정권을 위해 비슷한 투쟁을 겪었다. 오늘날 대부분 국가는, 적어도 이론상으로는, 민주주의 제도를 채택하고 있다. 하지만 부정부패와 위협, 언론 장악, 야당 배척 등으로 부정선거를 하는 나라가 많다.

투표 제도

전 세계에서 여러 투표 제도가 시행되고 있다. 미국 대통령 선거에서는 주마다 투표로 선거인단을 뽑고 선거인단이 대통령을 뽑는다. 영국을 비롯해 여러 국가에는 최다 득표자를 당선시키는 제도가 있다. 특정 선거구를 대표하는 후보들이 있고 각 선거구에서 가장 많은 표를 얻은 후보자가 의석을 차지한다. 또한 가장 많은 의석을 차지한 당이 집권당이 되고 내각을 구성한다. 이 두 가지 제도에 대해 반대 목소리가 존재하는데, 대통령이나 정부가 과반수 득표를 하지 못하고도 선출될 수 있기 때문이다.

비례대표제를 시행하는 나라들도 있다. 비례대표제는 정당의 득표율에 비례하여 각 당에 의석을 배정하는 방식이다. 규모가 작은 정당이라도 의석을 차지할 수 있어 한 정당이 대부분의 의석을 차지하는 것을 막을 수 있는 장점이 있고, 이는 연립정부 구성으로 이어지는 경우가 많다.

연방주의 대 중앙집권주의

    일부 국가에서는 강력한 중앙정부가 정치권력을 독점한다. 정부가 지방정부까지 모든 행정조직을 직접 통치하는 것이다. 이러한 국가를 단일국가라고 한다.

    그런가 하면 어떤 국가에서는 중앙정부가 국방이나 외교 같은 부분만 다스리고 대부분의 내부 권력은 주에서 행사한다. 각 주는 선거를 통해 조직된 정부에서 법을 통과시키고 세금을 걷는 권한을 가지고 있다. 이런 국가를 연방국가라고 하는데 대부분은 자발적 연방voluntary union에서 비롯된다.

    연방국가에는 미국, 독일, 오스트레일리아, 캐나다 등이 있고 단일국가에는 프랑스, 영국 등이 있다. 단일국가는 지방 의회에 자치권을 양도하기도 한다. 예를 들어 영국은 20세기 말부터 스코틀랜드와 웨일스, 북아일랜드에 본격적으로 자치권을 주었다. 그러나 이러한 상의하달식은 앞에서 말한 자발적 연방과는 다르다.

    자발적 연방의 가장 대표적 사례가 미국이다. 1776년에 13개 식민지가 영국으로부터 독립을 선언하면서 미합중국이 탄생했다. 식민지들은 독립 이후 독재가 계속될 수 있다는 우려 때문에 중앙정부에 어떤 권력도 맡기고 싶어 하지 않았다. 이런 연유로 1788년에 비준된 헌법을 통해 새로운 연방정부의 모든 권력을 주에 넘겼다. 특히 노예제도 허용과 관련된 '주州의 권리' 사안은 결국 노예를 두고 있는 주들이 분리 독립을 하는 결과를 가져왔다. 그리하여 1861년부터 1865년까지 남북전쟁이 일어났다. 그러나 연방정부의 주요 목적은 노예제 폐지가 아니라 연방 유지였다.

다른 연방국가에서는 한 민족 또는 언어 집단이 장악한 주라면 완전한 분리 독립이 자신들에게 더 유리하다고 생각한다. 캐나다의 퀘벡 주나 에스파냐의 바스크 등이 그 예다.

집단주의 대 개인주의

집단주의는 사회나 국가 같은 집단의 권리와 이익이
우선이라고 여기는 사상이다. 반면 개인주의에서는 독립된
개체로서 시민의 권리와 자유를 더 중요시한다. 집단주의의
가장 극단적인 표현 방식은 바로 전체주의 국가〔p.226〕이고,
개인주의의 가치를 가장 강력하게 표현하는 것은 좌파와
우파의 자유주의자들이다.

이 양극단의 사이에 존재하는 대부분의 정치적 관점은
집단주의와 개인주의의 가치가 균형을 이루고 시민에게
권리와 의무가 모두 있음을 강조한다. 사회민주주의에서는
국가가 필수품 공급과 경제 분야에서 큰 역할을 하는 반면,
민주적 자유의 중요성을 강조한다. 보수주의는 국가의
역할이 적고 개인이 스스로 자신을 돌봐야 한다는 입장이다.
한편 보수주의자는 사회질서를 중요시하고 법적, 도덕적,
종교적 권위에 복종해야 한다고 믿는다.

유토피아주의

유토피아주의는 완벽한 사회를 만들 수 있다는 믿음이다. 유토피아주의라는 이름은 영국의 정치가이자 인문주의자인 토머스 모어 경이 1516년에 발표한 저서 『유토피아』에서 비롯되었다. 모어는 그 책에서 대서양 한가운데에서 막 발견된 가상의 섬 유토피아에 대해 설명한다. 그곳에서는 모두가 서로 협동하면서 살아간다. 모어가 묘사한 국가는 실제로 초기 형태의 공산주의다〔p.258〕.

그 후 프랜시스 베이컨 경의 『뉴 아틀란티스New Atlantis』(1624), 윌리엄 모리스의 『유토피아에서 온 소식News from Nowhere』(1890) 등 유토피아문학이라고 불리는 새로운 장르가 생겨났는데 플라톤의 『국가』(기원전 4세기)도 여기에 포함되었다. 나아가 조너선 스위프트의 『걸리버 여행기』(1726) 같은 풍자 작품이나 올더스 헉슬리의 『멋진 신세계』(1932), 조지 오웰의 『1984』(1949) 등 반유토피아적인 미래를 그린 작품들도 등장했다.

정치 분야에서 유토피아주의는 불가능한 제안이다. 그래서 우파 성향을 가진 이들은 공산주의와 사회주의,

무정부주의에 대해 인간의 어두운 면을 무시하는 희망 사항에 불과하다고 비난했다.

평론가들은 '완벽한' 사회를 건설하려는 시도에는 '사회공학'이 필수로 개입될 수밖에 없다고 말한다. 사회공학의 가장 극단적인 사례는 스탈린 시대 소련의 강제적인 집단주의와 마오쩌둥 시대 중국의 문화혁명이다. 둘 다 엄청난 고통을 초래했다.

좀 더 작은 규모로는 경제적 협동이나 공동생활 등을 통해 유토피아 공동체를 건설하려는 시도가 많이 있었다. 유럽의 종교 박해를 피해 미국으로 건너간 메노나이트 교파가 1663년에 델라웨어에 세운 공동체인 더치 메노나이트Dutch Mennonite나 공상적 사회주의자였던 로버트 오웬Robert Owen이 19세기 초에 스코틀랜드에 세운 작은 마을 뉴 래너크New Lanark, 20세기에 등장한 이스라엘의 생활공동체 키부츠Kibbutzim, 히피 공동체 등이 그 예다.

좌파, 우파, 중도

정치에서 좌, 우, 중도의 이미지는 1789년에 일어난 프랑스혁명 당시에서 유래한다. 혁명 이전 삼부회(신분제 의회)에서 귀족은 왕의 오른쪽, 평민은 왼쪽에 앉았다. 혁명 이후의 국민의회에서는 급진적인 정치인들이 왼쪽에 앉았다. 이러한 좌석 배치는 다른 유럽 의회에서도 일반적이 되었다.

근대 정치에서는 트로츠키주의, 마오쩌둥주의, 공산주의, 사회주의, 사회민주주의(영국 노동당 같은 중도좌파 정당), 자유주의(중도), 보수주의, 기독교 민주주의(그 밖의 중도우파 정당), 파시즘(나치와 인종차별적 민족주의)과 같은 정치적 입장을 극좌파에서 극우파 스펙트럼으로 생각할 것이다. 양극단에서는 정당이 전체주의(p.226)로 기우는 경향이 있고, 중도에 가까울수록 대체로 민주적이다. 그 부근에서는 유럽 녹색당(p.270)과 자유지상주의(p.254) 등 다양한 관점이 발견된다.

보수주의

정치에서 보수주의는 중도우파를 말한다. 미국의 공화당이나 영국의 보수당, 유럽의 여러 기독교 민주당이 여기에 속한다. 보수주의에는 두 갈래가 존재한다. '사회 보수주의'는 낙태나 동성 결혼 등의 사안에 대해 '사회적으로 자유로운' 성향에 반대하는 반면, '재정 보수주의'는 작은 정부와 낮은 세금을 지지한다. 많은 보수주의자가 두 가지 관점을 모두 따른다.

일반적으로 보수주의는 군주나 대통령, 법, 교회, 집안의 가장인 아버지 등 전통적인 권위를 존중한다(p.280). 이러한 제도는 사회질서를 유지해 준다. 만약 이러한 제도가 없다면 인간의 악한 본성(p.20)이 마음대로 날뛸 것이다.

보수주의 성향에는 계층제(p.278)에 대한 존중이 포함된다. 즉 사람은 저마다 다른 능력을 타고나며, 사회적 위치는 타고난 능력을 반영한다는 것이다. 대부분의 현대 보수주의자들은 계층주의적 특권을 수호하기를 꺼리고 능력과 개선 의지가 있는 사람이라면 사회이동이 가능하다고 강조한다.

무엇보다 보수주의는 사유재산〔p. 306〕을 지지한다. 물려받거나 스스로 얻은 사유재산을 자기 마음대로 할 권리가 있다는 것이다. 사유재산에 관한 견해는 다양하다. 일부 전통적인 보수주의자들은 국가가 공동체로서 매우 중요하다고 믿는다. 부자는 가난한 이들에 대한 의무가 있으며 그 의무는 건강과 교육 같은 분야에서 세금을 통한 국가의 지원이 어느 정도 있어야 가장 효과적으로 실현된다고 본다.

하지만 경제 자유주의〔정치 자유주의나 사회 자유주의와는 다르다, p. 252〕를 믿는 사람도 많다. 이는 규제나 세금 등의 측면에서 정부의 간섭이 없는 자유시장을 허용할 때 경제적 번영이 가능하다는 입장이다. 경제 자유주의는 1970년대 이후 다수의 중도우파에 영향을 끼쳤다.

사회적 다윈주의

사회적 다윈주의는 찰스 다윈의 진화론〔p. 196〕에서 이끌어
낸 정치적, 경제적, 사회적 신념으로 이루어진다. 창시자인
영국의 독학자 허버트 스펜서Herbert Spencer는 다윈의 이론을
'적자생존'으로 요약하면서 그것이 협동보다 경쟁이
중요시되는, 제약 없는 자유시장 자본주의를 정당화한다고
주장했다. 그러나 스펜서는 '사실'을 '당위'로 보는 자연주의적
오류〔p. 122〕를 저질렀다.

사회적 다윈주의는 우생학을 탄생시켰다. 우생학은
가난하고 사회적으로 혜택을 받지 못하는 이들이 '열등한
혈통'이며 적합한 인구층을 유지하기 위해 번식이 금지되어야
한다는 학문으로, 현재 사이비 과학으로 평가받는다.
우생학자들은 범죄 성향 등의 행동 특징이 생리학으로 표현될
수 있다고 주장했다. '과학적' 인종차별주의자들은 우생학을
받아들여 자신들보다 '열등'하다고 보는 사람들에게도 그
개념을 적용했다〔pp. 246~249〕.

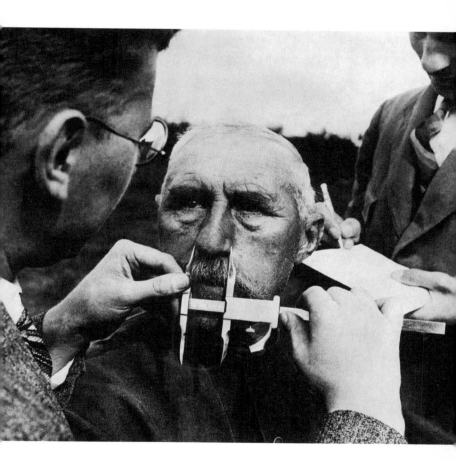

민족주의

민족주의는 민족, 언어, 문화 전통 등의 요인을 토대로 특정한 국가의 정체성이 최고라고 강조하는 정치사상이다. 예술은 주로 이성보다는 감정에 호소하는데, 예로부터 민족주의에서 중요한 역할을 해 왔다. 예술을 통해 국가는 개인을 합친 것보다 더 중요하고 성스럽기까지 한 존재로 받들어진다.

민족주의 운동은 외국의 통치로부터 독립하려는 국가들에서 나타났다. 자유를 위한 그 투쟁은 폭넓은 정치 영역을 상징하기도 한다. 근대 민족주의의 탄생지인 19세기 유럽의 경우가 그렇다. 19세기 초반에 독일과 이탈리아는 수많은 작은 주로 이루어졌는데, 중앙 유럽의 국민성은 오스트리아 제국의 지배하에 있었다.

그러한 영토를 지배한 황제, 왕, 왕자 들은 대체로 절대군주〔p. 224〕였고, 그들의 통치에 반대하는 편에는 민족주의뿐만 아니라 자유주의와 민주주의 요소도 포함되었다. 낭만주의 운동〔p. 386〕의 시인과 음악가 들이 민간설화와 민요를 만들면서 국가적 정체성이라는 새로운 의식을 고양시키는 데 크게 기여했다.

1세기 동안의 투쟁을 거치고, 제1차 세계대전이 끝난 후 평화가 정착되면서 유럽 소규모 국가들의 자기 결정권이 인정되었다. 이는 유럽 열강들의 해외 식민지에도 독립운동을 일으켰다. 제국주의 국가들은 민족주의자들의 시위를 폭력적으로 진압하기도 했지만, 1945년부터 1975년까지 약 100여 곳에 이르는 식민지가 독립해 주권국가가 되었다.

민족주의에도 어두운 면은 있다. 민족국가에서 등장하는 민족주의 정당은 다른 민족 및 국가에 대한 우월성을 강조하는 경향이 있다. 때로는 공격적이기까지 했다. 극단적인 경우 민족주의는 인종차별주의(p. 248)와 파시즘(p. 250)으로 통합된다.

식민주의와 제국주의

16세기부터 유럽 열강들은 식민지 건설 경쟁을 벌였다.
주요 목적은 원료 무역을 통제해 이익을 남기고 자국에
새로운 제조 시장을 열기 위함이었다. 19세기에 이르러
종교와 인종차별주의에 고무된 식민주의자들은 제국주의를
발전시켰다. 제국주의가 '원시적인' 식민지 주민들에게
이로운 서구 문명을 전달하는 것으로, 도덕적인 목적을 띤
일이라는 사고방식이었다. 그러나 그 이면에는 상업적 이익이
중대한 역할을 했다.

서구의 민주주의와 평등의 개념을 접하게 된 식민지국의
지식인들은 제국주의 열강이 자신들에게 이래라저래라 할
권리가 있는지 의문을 품게 되었다. 이는 결국 민족주의
운동〔p.245〕으로 이어졌고 20세기 후반에 느리고 때로는
폭력적인 과정을 통해 탈식민지화가 이루어졌다. 그러나
정치 제국주의가 경제 제국주의로 넘어갔을 뿐이라는 시각도
존재한다.

1892년에 그려진 유명한 만화. 영국의 제국주의자 세실 로즈Cecil Rhodes가
아프리카 대륙 전체를 장악한 모습이다.

인종차별주의

인종차별주의는 특정한 인종이 그 외 인종과 다를 뿐만 아니라 우월하다는 믿음이다. 이는 모욕 행위와 불공평한 대우에서 격리, 집단 학살에 이르는 차별 관행을 일으킬 수 있다. 인종차별주의적 믿음은 도덕적으로나 과학적인 근거로 모두 옳지 못하다고 비난받지만, 제2차 세계대전까지만 해도 세계적으로 퍼져 있었다. 물론 그 이후로도 그렇다.

인종이라는 개념 자체는 복잡하고 의문의 여지가 있다. 과거에는 교통 및 통신의 제한으로 외부인을 의심하는 것이 당연했다. 하지만 그 이유는 대개 오늘날 민족성이라고 부르는 언어와 관습 때문이었다. 외부인이 해당 공동체의 방식에 적응하면 구성원으로 받아들여질 수도 있었다. 이런 면에서 본다면 인종마다 타고난 차이가 존재하지 않는다.

19세기에는 비非유럽인인 식민지 주민들에 대해 우월적인 태도가 생겨났다. 이런 태도는 인종에 관한 각종 사이비 과학 이론의 등장으로 더욱 심해졌다. 전 세계 사람들을 피부색이나 얼굴 등 신체적 특징(이는 오늘날 유전학자들이 매우 피상적이라고 보는 차이에 불과하다)에 따라 '하위 종'으로 분류한

것이다. 이러한 사이비 과학 이론에 따르면 유럽 백인종이
신체적으로나 정신적으로 가장 진화 또는 진보한 인종이다.

인간사에서의 적자생존을 옹호하는 사회적
다윈주의자〔p. 242〕들과 우생학자들이 그 사상을 이어 갔다.
특히 우생학자들은 '혈통'의 질을 흐리지 않으려면 지적,
신체적 또는 인종적으로 '열등'한 이들의 번식을 금지해야
한다고 주장했다. 우생학은 20세기 초반에는 지지받은
사상이지만, '나치'와의 연관성이 생기면서 비난의 대상이
되었다. 히틀러의 나치 독일은 인종차별주의를 내세워 '인간
이하'라고 간주한 유대인, 슬라브족, 집시 등을 무려 1,400만
명이나 몰살했다. 역사상 최대 규모의 집단 학살이었다.
그러나 집단 학살이 그것으로 마지막은 아니었다.

파시즘

　제1차 세계대전의 대량 학살은 민주주의 정치에 씁쓸한 환멸을 느끼는 분위기를 조성했고, 1917년에 러시아에서 일어난 볼셰비키혁명으로 공산주의에 대한 공포가 확산되었다. 그런 상황에서 1920년대와 1930년대에 이탈리아와 일본, 에스파냐, 독일 등의 국가에서 파시즘이 일어났다.

　파시즘은 극단적인 형태의 우파 민족주의〔p. 244〕로 권위주의가 강하고, 심지어 전체주의〔p. 226〕 양상까지 띤다. 국가마다 차이는 있지만 일반적으로 파시즘 운동에는 절대적인 지도자가 있다는 점 외에 외국인 및 소수민족, 사회주의, 공산주의, 자유주의, 민주주의를 혐오한다는 공통점이 있다. 파시즘은 군국주의와 영토 확장에 열을 올려 제2차 세계대전으로까지 이어졌다. 오늘날에도 파시즘은 러시아의 제복 입은 스킨헤드족, 겉으로는 민주주의 정치에 참여하는 것처럼 보이지만 이민자를 반대하는 영국의 극우파 정당 같은 다양한 형태로 남아 있다.

'파시즘'이라는 말은 고대 로마의 행정관이 들고 다니던 도끼 '파스케스fasces'에서
유래했다. 파스케스는 나무막대 다발에 도끼머리를 묶은 모양이었다.

자유주의

자유주의를 뜻하는 영어 '리버럴liberal'은 자유를 뜻하는
라틴어 '리베르liber'에서 유래했다. 자유주의에는 조금씩
다른 다양한 의미가 있지만 일반적으로 민주주의와 평등,
개인의 권리, 정부의 권력 제한 등에 찬성하는 입장이다.
일부 자유주의자는 사회적 영역에서 관용을 더 강조한다.
동성애자의 권리 존중이 그 예다. 그런가 하면 경제
영역에서의 자유를 더 중요시하는 입장도 있다. 그들은
보수주의와 똑같이 자유시장을 옹호하고 정부의 규제를
거부한다.

미국에서 정치적 관점은 전통적으로 우파의 보수주의와
좌파의 자유주의로 나뉜다. 미국의 자유주의는 대부분
민주당과 관련이 있으며, 비종교적인 관점을 보인다.
소수민족의 권리를 옹호하고, 기본적 인권을 인정받지
못하는 이들을 정부가 도와야 한다고 믿는다. 영국 등 다른
국가에서도 비슷한 가치를 지지하는데, 자유주의가 정치의
중심이고 보수주의는 우파, 사회민주주의와 사회주의가
좌파다.

근대 자유주의의 기원은 영국의 철학자 존 로크가 17세기 후반에 주장한 사회계약설〔p.212〕로 거슬러 올라간다. 로크는 미국 독립선언문을 작성한 토머스 제퍼슨 등 미국 건국의 아버지들에게도 막대한 영향을 끼쳤다.

자유주의에 대한 고전적인 설명은 영국 철학자 존 스튜어트 밀이 쓴 『자유론』(1859)에서 찾아볼 수 있다. 밀은 개인의 자유는 타인의 자유를 침해했을 때에만 제한할 수 있다고 주장했다. 좀 더 근래에 이르러 미국의 철학자 존 롤스John Rawls는 저서 『정의론』(1971)에서 재분배로서의 자유주의에 대해 설명했다. 그는 인간이 어떤 사회에서 태어날지 모른다면, 모두에게 평등한 권리가 있고 사회적·경제적 불평등이 최소한인 사회를 선택할 것이라고 주장했다.

자유지상주의

자유지상주의는 모든 개인이 정부나 법, 종교, 사회 관습에 구애받지 않는 완전한 자유를 가져야 한다는 주장이다. 이러한 자유지상주의는 좌파와 우파 모두에서 찾아볼 수 있다. 우파의 경우 자유방임 자본주의에 대한 신념을 사회적 행동으로까지 확장하는 '경제적' 자유주의자들이다. 즉 자유라는 이름으로 모든 것이 허용되어야 한다고 믿는다. 반면 좌파에 속하는 자유지상주의자들은 권위의 거부와 사회적 금기 타파를 혁명 행위라고 본다. 위반은 변화로 가기 위해 꼭 필요한 단계라는 입장이다.

다수의 자유지상주의자는 사회 보수주의자들이 혐오하는 행동에 초점을 맞춘다. 예를 들어 그들은 대마초에서 헤로인까지 모든 기분 전환용 마약과 모든 형태의 포르노 및 합의에 의한 성관계의 합법화를 주장한다. 개인의 책임이 무엇보다 중요하다는 것이다. 우파는 정부가 해를 막기 위해 중재하는 이른바 '보모 국가nanny state'를 거부하고 사회문제를 시장 방식의 해결책으로 다뤄야 한다고 주장한다.

사회주의

'사회주의'라는 단어는 중도좌파에서 극좌파까지 다양한 정치적 관점을 아우른다. 사회주의는 18세기 후반과 19세기 서양의 산업혁명이 낳은 것이다. 산업혁명 이후 권리를 박탈당하고 가난에 시달리는 도시 노동계급이 생겨났고, 민주주의 정치나 노동조합 활동 또는 폭력혁명 등을 통해 집단행동으로 사회적 정의를 구현하려는 움직임이 일었다.

사회주의의 핵심에는 평등에 대한 믿음이 있다. 한 측면으로는 국제주의가 있는데 사회주의자들은 민족주의, 인종차별주의, 제국주의에 반대하고 전 세계 노동계급의 단결을 지지한다. 평등에 대한 믿음에는 사회·경제적 질서가 특권층이나 무자비한 지배자의 이익이 아니라 공공선을 위해 마련되어야 한다는 확신이 포함된다. 보수주의자와 경제 자유주의자는 경제적 상태를 개선하는 일이 개인에게 달려 있으므로 정부는 자유시장에 개입해서는 안 된다고 믿는 반면, 사회주의자는 개인의 성공이나 실패가 출생과 환경의 결과인 경우가 많다고 생각한다.

온건 사회주의자들은 경제적·사회적 불평등이 해결되려면,

어떤 식으로든 부의 재분배가 이루어져야 한다고 주장한다.
이는 주로 세금을 통해 가능할 것이다. 정부는 무상교육이나
보건, 연금, 실업 혜택 등 '요람에서 무덤까지' 안전망을
제공하는 복지 정책을 통해 소외된 이들을 도울 의무가 있다.
사회의 점진적이고 민주적인 변화를 중요시하는 영국의
노동당을 비롯해 사회민주주의 정당이 이런 견해를 보인다.

카를 마르크스(p. 260)의 영향을 받은 급진적 사회주의자는
오로지 폭력적인 혁명만이 사회·경제적 불평등을 바로잡을
수 있다고 믿는다. 그들은 사회주의가 계급, 사유재산, 심지어
국가 자체도 과거의 유물이 되는 진정한 공산주의(p. 258)로
가는 단계일 뿐이라고 생각한다.

공산주의

　넓은 의미에서 공산주의는 모든 재산이 공동 소유인
사회를 뜻한다. 역사적으로 다양한 시대에 소규모로 '원시'
공산주의를 실험한 사례가 있었다. 중세의 수도원 공동체나
17세기 영국 내전 당시의 급진 단체 등이 그 예다.

　근대의 '과학적' 공산주의는 카를 마르크스와 프리드리히
엥겔스[p.260]가 쓴『공산당선언』(1848)에서 비롯되었다.
그들은 산업 부문의 노동계급이 계급주의를 타도하고
'프롤레타리아독재 체제'를 세울 것이라고 주장했다. 이는
사회주의의 단계 중에서 모든 재산이 국가 소유인 상태를
말한다. 결국 국가 자체는 '능력에 따라 일하고 필요에
따라 분배받는' 원칙을 토대로 하는 완벽한 공산주의로
대체될 것이다. 러시아를 비롯해 20세기에 세워진 공산주의
국가들은 국가사회주의 상태를 넘어서지 못했다. 그 단계에도
공산당이 독재 권력을 휘둘렀다.

마르크스주의

근대 공산주의의 창시자인 독일의 사상가 카를 마르크스와 프리드리히 엥겔스는 변증법적 유물론이라고 하는 역사관을 내놓았다. 지배적 경제 생산양식의 변화로 계급투쟁이 일어나고, 그 투쟁을 통해 사회가 발달한다는 관점이다.

마르크스에 따르면 봉건제도가 지배적이던 중세의 생산양식은 농업을 기반으로 하므로 지주인 귀족들이 권력을 쥐었다는 것이다. 18세기와 19세기에 일어난 산업혁명으로 공장과 광산이 땅을 대신해 부의 원천이 되면서 부르주아(자본주의 중산층)가 봉건주의의 귀족 대신 지배계급이 되었다. 마르크스는 그다음에는 착취당하는 프롤레타리아 계급(산업사회의 노동자계급)이 일어나 자본주의를 타도하고 '프롤레타리아독재'를 세울 것이라고 내다보았다. 그러면 '완벽한' 공산주의(p.258)가 만들어질 것이라고 했다.

하지만 그의 예측은 빗나갔다. 마르크스는 산업화가 확고히 진행되어 도시에 프롤레타리아 계급이 상당히 있는 독일에서 혁명이 시작될 것으로 예측했다. 반면 당시 러시아는 여전히 낙후된 봉건주의 사회로 20세기 초반에 이르러서야 겨우 산업화가 진행되었다. 그러나 러시아의 혁명가 블라디미르 레닌은 소수의 핵심 혁명가들만으로도 성공적으로 혁명을 이끌 수 있다고 믿었고 1917년에 혁명을 일으켰다.

한편 중국에서는 마오쩌둥이 막대한 소작농 인구층을 하나로 모으면서 마르크스주의 사상을 한 단계 더 나아가 활용했다. 결국 그가 이끄는 공산주의가 1949년에 내전에서 승리를 거두었다.

마르크스의 예측은 빗나갔지만 그의 사회·정치·경제 분석은 많은 지식인에게 꾸준히 영향을 끼치고 있다. 마르크스주의는 문화 현상의 물질적 또는 계급적 토대를 살펴보거나 현대 산업사회의 소외를 살펴보는 등 여러 분야에서 실용성이 증명되었다.

생디칼리슴

생디칼리슴은 반국가·반자본주의 성향의 급진적
노동조합주의로 1890년대 프랑스에서 처음
생겨났다('생디카syndicat'는 프랑스어로 노동조합을 뜻한다).
생디칼리슴은 20세기 전반에 에스파냐와 미국
등에서 정치적으로 영향을 끼쳤다. 미국에서는
'워블리스Wobblies'라고도 불리는 세계산업노동자동맹Industrial
Workers of the World이 생디칼리슴을 지지했다. 그리고 프랑스와
에스파냐 같은 국가의 노동운동에서 여전히 중요한 역할을
하고 있다.

무정부주의 사상(p.264)에 영향을 받은 생디칼리슴은
사회 변화의 수단으로 총파업 같은 쟁의행위를 지지한다.
전통적인 마르크스주의와 달리 생산수단의 지배는 국가가
아니라 노동조합으로 옮겨져야 한다고 주장한다(그들은 국가가
언제나 권력과 특권을 쥐고 있다고 믿는다). 그들은 조합이 개인의
자유로운 연합으로, 의회 같은 대표 조직보다 근본적으로
더욱 민주적이라고 본다. 또한 전통적인 민주주의에 참여하는
사회주의 지식인층을 못 미더워한다.

무정부주의

무정부주의는 '혼돈'과 동의어로 사용되는 경우가 많다.
하지만 정치적 측면에서 무정부주의의 목적은 혼돈이
아니라 국가가 사라지고 개인이 자유롭게 공공선을
추구하는 것이다. 무정부주의자들은 정부를 비롯한
모든 제도의 타도를 지지하지만 허무주의와는 다르다.
허무주의자는 기존의 모든 가치를 거부하고 파괴해야
한다고 믿는다. 또한 무정부주의는 집단주의보다 개인주의의
가치를 따르는 자유주의(p.252)와 같다고도 볼 수 없다.

무정부주의자들은 인간이 선천적으로 유순하고
협동적이라고 믿는다. 정부는 착취와 억압을 통해 인간을
타락시킨다. 또한 무정부주의는 자본주의에 반대한다.
산업자본주의가 인간을 타락시키고 인간의 영향력을
약화시켜서 진정한 잠재력을 실현하지 못하게 한다고
주장한다. 일반적으로 무정부주의는 좌파 성향으로
여겨지지만, 전통적인 마르크스주의를 반대한다.
마르크스주의는 진정한 공산주의로 가는 데 국가의
통제(p.260)가 꼭 필요한 단계라고 주장하기 때문이다.

스스로 무정부주의자라고 맨 처음 칭한 사람은 프랑스의
철학자이자 사회주의자인 피에르 조제프 프루동Pierre Joseph
Proudhon이다. 그는 "모든 사유재산은 도둑질한 것"이라는
유명한 말을 남겼다. 그와 마르크스는 영향을 주고받다가
나중에는 서로 등을 돌리게 되었다. 프루동은 폭력혁명보다
평화로운 변화를 옹호했다. 개인이나 기업 또는 국가의
소유가 아닌 협동조합이나 노동자 개인, 농민의 소유를
지지했다. 반면 러시아의 무정부주의자 미하일 바쿠닌Mikhail
Bakunin은 집단행동이나 개인의 테러 행위를 통해 무력으로
권력을 장악하는 것이 옳다고 믿었다. 그렇지만 바쿠닌 역시
마르크스와 사이가 틀어졌다.

무정부주의는 대중적인 정치 운동이 되지는 못했지만
생디칼리슴[p.262]에 영향을 끼쳤다. 또한 1968년에 프랑스,
독일, 미국 등에서 일어난 대규모 학생운동이나 오늘날의
반세계화 운동 등 젊은 중산층 급진주의자들의 관심을
끌었다.

공동체주의

공동체주의는 비교적 근래에 생겨난 정치철학으로 20세기
후반에 미국에서 시작됐다. 공동체주의자는 한편에는
사회질서에 대한 국가의 역할을 강조하는 사회주의(p. 256)를,
또 다른 한편에는 공동체 인간의 중요성을 거부하고 개인을
우위에 놓는 우파 자유지상주의(p. 254)를 놓고 제3의 방식을
찾으려고 한다.

전통적인 보수주의자는 항상 공동체의 중요성을 강조했다.
하지만 보수주의에서 공동체란 계층제와 권위, 문화와 도덕,
심지어 종교의 통일성을 뜻한다. 공동체주의자는 스스로
'진보적 중심radical center'이라고 부르는 입장을 고수하는
경향이 있다. 그들은 시민에게는 권리뿐 아니라 의무가
있다고 믿고 시민이 이해관계자인 시민사회(p. 214)의 덕목을
지지한다. 또한 사회적 관계의 상호 유익한 연결 고리인
사회자본의 가치를 강조한다. 공동체주의 사상은 미국과
영국의 중도우파와 중도좌파에 어느 정도 영향을 끼쳤다.

환경주의

환경주의는 인간의 활동이 자연과 야생동물에 끼치는 해로운 영향에 대한 반작용으로 일어난 운동이다. 인간의 오락과 생물 다양성의 원칙, 그 자체의 재산으로서 자연과 야생동물을 보호해야 한다는 관점이다. 환경주의자들은 원시 서식지를 보호하는 한편 환경오염, 지속 가능성, 지구온난화 등에 관한 운동도 벌인다.

18세기 후반에 낭만주의 운동이 일어나기 전까지만 해도 산이나 원시림 같은 야생은 적대적이고 흉물스러우며 채굴이나 채광, 벌목 이외에는 쓸모가 없다고 여겨졌다. 그러나 낭만주의는 자연 속에서 '숭고함'이라는 한껏 고조된 정서 상태를 발견하는 색다른 관점을 내놓았다. 워즈워스 같은 시인들은 인간이 자연과 적대적 관계가 아닌 자연의 일부라고 보았다. 심지어 자연을 도덕적 스승으로 표현하기도 했다.

낭만주의가 인간과 자연의 관계를 새로운 방향으로 이끌기는 했지만 실제적 행동에 관한 한, 환경주의 운동은 스코틀랜드 출생의 미국 자연주의자 존 뮤어John Muir 가

시작했다고 볼 수 있다. 뮤어는 최초로 국립공원을 만들었고
1892년에는 민간 환경운동 단체인 시에라클럽Sierra Club을
창설했다. 그 후로 영국에서 1895년에 내셔널트러스트National
Trust가 만들어지는 등 세계적으로 비슷한 단체들이 탄생했다.

　낭만주의의 자연 이상화는 사회는 물론 자연을 급격히
바꿔 놓은 산업혁명에 대한 미학적 반발로 일어났다.
또한 산업화는 전례 없는 환경오염을 일으켰다. 1863년에
영국에서 대기오염을 제한하는 최초의 법률이 나오기는
했지만 이미 환경이 심하게 오염된 후였다. 미국은 1880년대
후반 들어서야 관련 법률을 마련했다. 1962년에 출간된
레이철 카슨Rachel Carson의 『침묵의 봄』은 DDT를 비롯한
살충제가 생태계 먹이사슬에 끼치는 파괴적인 영향을
고발하면서 더욱 강도 높은 환경운동이라는 새로운 물결을
일으켰다. 그 물결 속에서 다수의 녹색 정당〔p.270〕이
생겨났다.

녹색 정치

1970년대에 환경운동은 미래 세대를 위해 지구를 돌볼 도덕적 의무를 강조하는 녹색 정당들을 탄생시켰다. 오늘날 녹색 정당들은 다양한 입법부에서 활동하고 있으며 더 큰 정당과 연립정부를 구성하기도 한다. 일반적으로 녹색 정책에는 산업 및 농업 부문의 엄격한 규제, 폐기물 축소, 재생에너지 지원 등이 포함된다. 녹색 정당은 생태계와 사회정의, 풀뿌리 민주주의, 비폭력 등의 가치를 옹호한다는 점에서 중도좌파의 성향을 띤다.

과거에 일어난 극우 민족주의와 파시즘 운동 역시 자연에 대한 존중심을 강조했다. 예를 들어 나치는 '피와 땅' 사상으로 인간과 땅의 신비한 관계를 상기시켰다. 부유한 보수주의자들 중에도 야생동물과 서식지 보호에 관심을 기울이는 경우가 많다. 하지만 가난한 지역 주민들의 필요는 무시한 채, 여가에 대한 관심사와 미학적 가치만 중시한다는 비판도 받는다.

페미니즘

    페미니즘은 여성이 남성과 동등한 권리를 가진다는
사상이다. 이른바 여성운동의 기원은 18세기 후반에
출간된 영국 작가 메리 울스턴크래프트Mary Wollstonecraft 의
『여성의 권리 옹호』(1792)다. 당시 여성은 2류 시민에 가까운
존재였다. 아버지나 남편의 소유물로 여겨졌고, 직업을 가질
수도 없었으며, 고등교육이나 투표도 금지되었고, 정치가가
될 수도 없었다.

    여성들은 불공평에 맞서기 위해 스스로 조직을
만들어야만 했다. 여성의 권리 신장을 위한 최초의 대회는
1848년에 뉴욕의 세니커폴스에서 열렸다. 참정권을 얻는
것이 첫 단계라고 보는 시선이 많았기에, 19세기 후반에는
여러 국가에 여성 참정권 연합이 만들어졌다. 이들은
평화로운 방식으로 활동을 이어갔다. 그런데 20세기 초반에
창문을 깨고 철책에 사슬로 몸을 묶고 단식투쟁에 나서는 등
좀 더 공격적인 여성 참정권 운동가들이 나타나면서 더 크게
주목받았다. 세계 여러 국가는 차츰 여성들에게도 참정권을
주기 시작했다. 영국과 독일은 1918년에, 미국은 1920년에,

프랑스와 이탈리아는 1945년에 실행했다.

1960년대에는 서구 여러 국가의 급진적 사회 변화 속에서 새로운 페미니즘의 물결인 여성해방운동이 일어났는데, 프랑스의 철학자 시몬 드 보부아르Simone de Beauvoir 의 영향이 컸다. 그녀는 저서 『제2의 성』(1949)에서 "여성은 태어나는 것이 아니라 만들어지는 것"이라고 주장했다. 즉 '여성성'은 생물학적으로 결정되는 것이 아니라 문화적 조건의 결과라는 말이다. 베티 프리단Betty Friedan 의 저서 『여성의 신비』(1963) 역시 큰 영향을 끼쳤다.

이 신진 페미니스트들은 평등한 급여, 피임과 보육 지원, 성차별 반대, 그리고 포르노에서 가정 폭력까지 남성의 모든 착취와 억압에 반대하는 운동을 펼쳤다. 성공 여부에 대한 견해는 엇갈리지만, 이들의 활동은 적어도 서구 사회의 중산층에서 여성을 대하는 남성의 태도와 여성의 열망에 변화를 일으켰다.

다문화주의

　이민과 세계화 같은 과정을 거치면서 오늘날 세계의 많은 사회에서는 여러 민족 집단이 섞이게 되었다. 다문화주의는 단일 문화의 정체성을 강요하는 것이 아니라 다른 민족과 다른 종교 문화를 한 사회에 수용하고 또 적극적으로 알리는 정책이다. 다문화주의에 반대하는 이들은 이민자들이 새로운 사회에 정착하려면 이민국 문화에 동화되어야 한다고 주장한다. 그래야만 사회 결속력이 유지되고 긴장과 갈등을 피할 수 있다는 것이다.

　영국을 비롯한 여러 국가에서는 어느 정도 다문화주의를 수용하고 있다. 이에 비해 프랑스 등은 사회에 동화되기를 권장하며, 이슬람 여성들에게 얼굴을 가리지 못하게 하는 등 법으로 강요하기도 한다. 미국은 언제나 자국을 가리켜 '용광로'라는 관점을 유지해 왔다. 다양한 이민자들이 미국이라는 정체성 안에서 저마다 민족의 정체성을 표현할 수 있다는 의미다.

Benvinguts
Bienvenidos
Benvidos
Ongi etorri
Welcome
أهلاً و سهلاً
Bienvenue
Willkommen
歡迎光臨

세속주의 대 신권정치

신권정치는 문자 그대로 '신의 지배'를 뜻한다. 특정한
종교에 소속된 성직자가 정부를 지배하며, 종교법이 곧
국가의 법이다. 반면 세속주의는 국가 안에서 종교가 특권을
누리는 지위여서는 안 되고 종교는 전적으로 개인적인
부분으로 공공 영역에 영향을 끼쳐서는 안 된다는 입장이다.

문명이 발생할 때부터 종교는 세속적인 권력은 물론
영적인 권력의 수단이 되어 왔다. 최초의 왕들은 신의
혈통이라고 주장하면서 신적 권위를 내세우고 무력을
이용해 권력을 유지했다. 그 후 등장한 다수의 국가와 제국이
국교國敎를 지정해 통치자가 성직자에 권력을 내줄 필요
없이 자리를 지킬 수 있도록 했다. 한 예로 기독교 이전의
로마제국에서 황제는 폰티펙스 막시무스pontifex maximus, 즉
최고 제사장이기도 했다. 종교의식은 공공의 의무이자
국가에 대한 충성심이라고 여겨졌다.

중세 유럽에서는 주로 기독교 관련 직위를 임명할 때 그
최종 결정권을 두고 세속주의 지배자들과 로마가톨릭교회
사이에 다툼이 잦았다. 그러한 갈등은 종교개혁 때

최고조에 달했다. 영국의 헨리 8세를 비롯해 여러 왕이
로마교황청으로부터 독립해 직접 왕이 수장으로 있는
국교회를 수립하기에 이르렀다.

오늘날 영국에서는 교회 참석률이 매우 낮긴 해도 군주가
수장인 영국국교회와 국가의 지원을 받는 교파들이 존재한다.
아이러니하게도 교회 참석률이 훨씬 높은 미국에서는 헌법에
의해 교회와 국가가 분리되어 있다. 프랑스도 마찬가지다.
반면 이슬람 사회의 몇몇 국가는 엄격한 이슬람법에 따라
통치된다. 급진적 이슬람주의자들은 이슬람법이 보편적으로
적용되는 칼리프 국가 수립을 목표로 삼는다.

계층제

계층제는 전통주의나 보수주의적 우파의 핵심 가치다. 그들에게는 군주제와 귀족주의 그리고 재산과 지위가 다음 세대로 이어져야 한다는 세습의 원칙을 믿는 성향이 있다. 반면, 같은 우파인 경제 자유주의자들은 재산 상속은 찬성하지만 정치적 특권의 세습은 거부한다.

일반적으로 우파는 인간이 태어날 때부터 평등〔p. 288〕하지 않다고 믿는다. 따라서 그들은 평등주의를 불신하며, 평등주의가 상향 평준화가 아닌 하향 평준화를 가져온다고 여긴다. 그들은 적자생존을 사회의 '자연적' 모형으로 보는 사회적 다윈주의〔p. 242〕로써 자신들의 주장을 뒷받침하기도 한다. 일부는 지능이나 성향 등에서 성별이나 인종 간에 생물학적 차이를 타고난다고 주장한다. 이러한 주장은 각종 차별과 집단 학살 정책에 정당성을 부여하는 데 활용되었다.

권위와 권위주의

우파는 소수의 자유지상주의자(p.254)를 제외하고 권위를
대단히 중요시한다. 권위야말로 사회질서를 유지하는
열쇠라고 여긴다. 그래야만 재산권이 보존되고 자유시장이
효과적으로 운영된다는 것이다. 우파 중에는 권위와 민주적
권리가 균형을 이루어야 한다고 보는 이들이 있는가 하면,
절대군주제(p.224)나 독재 등 권위주의 정부를 선호하는
이들도 있다.

1789년에 일어난 프랑스혁명 이후의 사회 혼란으로 우파
사상가들은 전통적인 권위를 수호하게 되었다. 프랑스
사부아 출신의 철학자 조제프 드 메스트르Joseph de Maistre는
계몽주의를 앞세운 세속주의 및 자유주의 사상가들 때문에
대학살이 벌어졌다면서 절대군주제를 부활하고 국가와
가정 모두 가부장적 권위로 돌아가야 한다고 주장했다.
또한 그는 로마가톨릭교회가 국가 안에서 특권적 위치를
차지해야 한다는 믿음을 바탕으로 기독교의 도덕이
법을 통해 실행되어야 한다고 했다. 에스파냐의 독재자
프란시스코 프랑코Francisco Franco나 이란의 아야톨라 루홀라

호메이니Ayatollah Ruhollah Khomeini 등도 이런 종류의 신권정치 사상을 환영했다.

아일랜드 출신의 영국 보수주의 사상가 에드먼드 버크Edmund Burke 는 새로운 관점에서 프랑스혁명을 비판했다. 그는 권위를 확립하는 것이 관습과 전통을 지키는 수단이라고 믿었다. 즉 인류의 축적된 지혜와 경험을 미래 세대로 전달하는 수단이라는 것이다. 버크는 프랑스혁명이 폭력성을 띠고 과격해짐으로써 권위를 파괴한 결과, 극단적인 관용과 혼란으로 이어져 결국 독재 정권을 탄생시킬 것이라고 보았다.

냉전 시대에 서구의 민주주의 국가들, 특히 미국에서는 러시아와 그 동맹국을 비롯한 전체주의〔p. 226〕국가와 우파 군사독재 국가를 구분했다. 그중 우파 군사독재 국가들에 대해서는 공산주의를 차단하는 데 득이 된다고 판단되면 그 나라들이 역사적으로 인권에 어떤 족적을 남겼는지에 상관없이 지원했다.

진보

　진보는 형편이 더 나아질 가능성이 있고, 또 실제로
개선된다는 개념이다. 여기에는 인간의 본성〔p.20〕에 대한
호의적인 시각이 들어 있다. 즉 적절한 환경이 주어진다면
인간은 더 나아질 수 있다는 것이다. 진보는 믿음인 동시에
가치인데 자유주의, 급진주의, 좌파 정당에서 이를 공유한다.
반면 반동주의자와 보수주의자들은 개선의 가능성을
거부하는 비관적인 성향을 보인다. 그들은 지나간 '황금기'를
회상하면서 현재가 엉망이라고 주장한다.

　진보론의 유래는 세속적 인문주의와 과학혁명이
등장한 16세기로 거슬러 올라간다. 그 후로 과학과 기술이
엄청난 진보를 거듭했고, 대부분 인류에게 혜택을 주었다.
마찬가지로, 적어도 서구 사회에서는, 아동 노동 착취 금지와
노예제도 폐지 등을 통해 사람들이 서로를 대하는 방식이
개선되었다는 사실을 부정하긴 어려울 것이다.

자유

자유는 정치 분야에서 가장 남발되고 남용되는 단어
중 하나일 것이다. 선동가와 사기꾼, 애국자, 인민주의자,
독재자 모두 필요에 따라 자유라는 말로 자신을 포장한다.
연설에 담긴 자유라는 말은 거의 모든 사람에게 매력적으로
다가갈 것이다. 예를 들어 스코틀랜드가 잉글랜드로부터
독립을 선포한 아브로스 선언에는 다음과 같은 내용이 들어
있다. "우리는 영광이나 부, 명예를 위해 싸우는 것이 아니라
자유만을 위해 싸운다. 그것은 선량한 사람이라면 죽지 않는
한 포기할 수 없다."

자유에 담긴 호소력은 특히 미국의 혁명가들에게 큰
영향을 끼쳤다. 그들이 생각하는 자유는 영국 정부의
간섭에서 벗어나는 것이었다. 하지만 노예제도가 지속되고
여성에게 참정권이 주어지지 않았다는 점에서는 매우
국한된 자유였다.

미국 건국의 아버지들이 그린 자유는 '소극적' 자유, 즉
정부로부터의 자유였다. 이를 위해 그들은 종교와 언론의
자유 등 개인의 권리를 보장하는 권리장전을 헌법에

포함시켰다.

　반대 의견을 펼칠 자유는 정치 자유주의(p.252)의 기본
조건이다. 극우파에 속하는 경제 자유주의는 정부의
자유시장 개입을 반대한다. 반면 좌파는 '적극적' 자유를
옹호한다. 개인이 법적으로 어떤 일을 할 자유가 제한되지
않는다고 해서 꼭 그럴 힘이 있다는 뜻은 아니다. 적극적
자유는 개인이 자유롭게 목표를 달성하고 재능을 최대한
발휘할 수 있도록 정부가 환경을 제공하는 것이다. 그
과정에서 타인의 자유가 제한된다고 하더라도 말이다.

관용

　누구나 자신이 원하는 것을 말하고 생각하고 믿을 권리에 대한 관용은 자유주의의 핵심 가치다. 관용은 매우 파란만장한 역사를 거쳤다. 예를 들어 중세 유럽에서는 소수 종교를 박해했고, 오늘날에도 전체주의나 권위주의 국가에서 반체제 인사들은 가혹한 대우를 받는다.

　관용은 18세기에 일어난 계몽운동을 거치며 중요한 가치가 되었다. 볼테르는 "나는 당신의 주장에 동의하지 않지만 당신이 그것을 말할 권리는 죽음을 각오하고서라도 지켜내겠다"라고 말했다. 하지만 근대 자유민주주의에서도 말할 자유에는 제약이 따른다. 이를테면 폭력이나 인종차별적 증오를 선동하는 데 반대하는 법을 예로 들 수 있다. 그런 사례를 판단하는 중요한 기준은 신체적 손상으로 이어질 수 있는 진술인가이다. 그러나 공격적이라는 이유만으로 특정 발언을 금지해야 하는지에 대해서는 상당한 논쟁이 있다.

평등

1776년의 미국 독립선언문에 포함된 첫 번째 '자명한
진리'는 "모든 인간은 평등하게 창조되었다"이다. 이는
미국인들이 벗어나고 싶어 한 영국 군주제의 특권 세습에
직접적으로 반박하는 내용이었다. 하지만 이 평등의 본질은
흑인 노예나 여성은 아우르지 않은 평등이라는 것이었다.
새 공화국의 성인 남성 모두가 투표권을 비롯해 평등한
권리를 갖게 되었다.

그 후 미국에 확립된 자유는 사람은 누구나 자신을
개선할 수 있는 잠재력이 있으며 출생이 기회에 영향을
미치지 않는다는 쪽이었다. 19세기 미국의 대통령 중에는
오두막에서 태어난 사실을 자랑스럽게 여긴 이들도 있었다.
마찬가지로 당시의 대표적인 기업가 중에는 가난한
집안에서 태어난 이들이 많다.

그러나 좌파는 국가가 교육이나 보건, 주택 등을 무상으로
제공해 모든 사람이 똑같은 지점에서 출발하도록 해 줄 때만
기회의 평등이 실현된다고 말한다. 이는 세금을 통한 부의
재분배를 통해서만 가능하기에 부유층의 재산권이 침해될

수밖에 없다. 모두가 동일한 생활수준으로 살아가는 건
사유재산이 사라진 '완벽한' 공산주의 체제에서나 가능하다.

좌파는 인종이나 종교, 성별, 성적 성향 등과 관계없이
동등한 권리가 보장되어야 한다고 주장한다. 또한 그들은
공무원직의 특정 비율을 소수 집단에 할당하는 등의 '차별
철폐 조처affirmative action'를 취해야 한다고 말한다.

반면 우파는 그런 조처가 그보다 나은 사람들에 대한
역차별이라고 비판한다. 또한 부의 재분배에 대해서도
저마다 크고 작은 비판의 목소리를 낸다. 재산권 침해일 뿐만
아니라 상향 평준화가 아닌 하향 평준화의 결과를 낳는다는
주장이다.

정의

정의는 고대 그리스 시대 이후 도덕, 법, 정치철학에서
가장 중요한 개념 중 하나로 자리매김했다. 플라톤은
『국가』에서 국가가 권력층의 이익만 대변하는 것을
반대했다. 아리스토텔레스는 개인에게 보상이나 벌을 주는
정의와 재산을 공평하게 분배하는 정의를 구분했다.

아리스토텔레스가 말한 첫 번째 형태의 정의는
법이 추구하는 바이다. 물론 모든 법이 공정한 것은
아니지만 말이다. 그가 말한 두 번째 정의는 일반적으로
'사회정의'라고 불린다. 정치 영역에서의 성취이고
평등[p. 288] 개념과도 밀접한 관련이 있다. 사회정의
사상에는 모두가 동등한 권리를 가진다는 주장이 포함된다.
이와 관련해 좌파는 부가 어느 정도 재분배되어야 한다고
주장한다.

인권

인권은 시민권이나 시민의 자유〔p. 296〕와는 구분된다.
겹치는 부분도 있지만 인권이 천부적인 반면, 시민권이나
시민의 자유는 특정 국가의 시민이라는 자격이 있어야
부여되고 법의 보호를 받는다. 인권에는 경제·사회·문화적
권리가 포함된다. 국가가 제공할 의무가 있는 고용, 보건,
교육 등의 권리가 이에 속한다.

중세시대의 신학자 성 토마스 아퀴나스는 국가의 세속적
법과 자연법을 기독교 원칙에 따라 비교해야 한다고
주장했다. 17세기와 18세기의 계몽주의 철학자들은 신의
계시가 아닌 이성을 기초로 자연법과 자연권 사상을
발전시켰다. 이는 미국과 프랑스의 혁명에 영향을 끼쳤으니,
이를테면 미국의 권리장전〔p. 296〕 등에 나타난다.

인권이 보편적이라는 사상은 18세기 후반의 노예제도
반대 운동을 시작으로 서서히 등장했다. 19세기 중반부터
인도주의자들은 전쟁 기간에 민간인과 전투원 들 모두에
큰 관심을 기울였고, 이는 제네바조약Geneva Conventions으로
이어졌다. 제네바조약은 1864년부터 1949년 사이에 세계

국가들이 합의한 일련의 조약으로, 비전투 민간인과
부상당한 군인, 전쟁 포로를 인도주의적으로 다루어야
한다는 내용을 담고 있다.

제2차 세계대전 이후인 1948년에는 국제연합UN이
세계인권선언문을 발표했다. 하지만 국제연합은 그 내용을
실행할 의지도, 힘도 없어 보일 때가 많다. 1950년에 발효된
유럽인권보호조약 같은 지역적 합의가 더욱 효과적인
것으로 나타났다. 이 조약에 따르면 서명국의 개인은
권리를 침해당한 경우 유럽인권재판소에 청원할 수 있다.
유럽인권재판소는 국가의 법원에서 나온 판결을 뒤집을 힘이
있다.

동물권

　인간에게 부여된 권리를 동물에게는 과연 어느 정도까지 적용해야 할까? 다윈의 진화론(p.196)이 나오기 전까지 인간과 동물은 완전히 별개의 개체로 여겨졌다. 하지만 이제는 범주상의 구분이 없다는 사실이 알려진 만큼 동물의 권리에도 관심을 기울일 필요가 있다.

　동물에 대한 잔인한 행위를 금지하는 법이 제정된 것은 19세기이지만, 동물에게 인간과 비슷한 권리가 있을 수 있다는 개념이 등장한 것은 20세기 후반이다. 동물권의 기본 핵심을 간단히 표현하면, 동물은 재산으로 취급되지 않을 권리가 있으므로 식량이나 의복 또는 연구나 유흥의 목적으로 사용되어서는 안 된다는 것이다. 하지만 이러한 권리를 과연 어떤 종에까지 적용해야 하는지는 불분명하다. 인류에게 각종 병을 옮기는 기생충에게도 동물권을 주어야 할까?

시민의 자유

시민의 자유 또는 시민권은 보편적 인권〔p.292〕의
부분집합이다. 시민의 자유는 특정 국가의 시민이 누릴 수
있으며, 헌법에 보장되어 법적인 보호를 받는 경우가 많다.
시민의 자유는 표현의 자유나 투표의 자유 등 정부가 제한할
수 없는 특정한 자유로 이루어진다.

17세기 후반에 등장한 존 로크의 사회계약설〔p.212〕에
따르면 사람들이 정부가 보장하는 시민권을 자연권과
교환하는 데 동의했다. 이때, 정부가 시민권을 보장해 주지
못하면 지배받기로 한 동의를 철회할 수 있다.

이러한 사상은 미국과 프랑스의 혁명에 영향을 끼쳤고,
1791년에는 미국 헌법에 권리장전이 포함되었다.
권리장전에는 종교와 언론·출판·청원·집회의 자유, 동일한
범행으로 생명이나 신체에 대한 위협을 재차 받지 않을
권리, 정당한 법의 절차에 의하지 아니하고는 생명과 자유
또는 재산을 박탈당하지 아니할 권리, 공정한 배심원에
의해 신속한 공판을 받을 권리 등이 포함된다. 하지만 당시
이러한 시민권은 흑인 노예들에게는 적용되지 않았다.

미국계 흑인 모두가 완전한 시민권을 보장받게 된 것은
노예제도가 폐지되고도 한 세기 가까운 시간이 지난,
1950년대와 1960년대 대대적인 시민권 운동이 벌어진
이후였다.

오늘날 시민의 자유는 서구의 자유민주주의에서 당연한
것으로 받아들이고 있다. 하지만 정부는 태생적으로 개인의
자유를 약화하려는 경향이 있다. 관료제의 속성 때문이기도
하고 안전 유지나 공공선의 강화에 특정한 자유의 제한이
필요하다고 여기기 때문이기도 하다. 이런 까닭에 정부에
도전하는 일은 시민사회 조직들의 몫이 되었다. 미국의
미국시민자유연맹American Civil Liberties Union이나 영국의
압력단체 리버티Liberty 같은 단체는 필요할 경우 법정에서
정부와 맞선다.

예외주의

예외주의는 어떤 국민이나 국가가 특정한 지위와 운명을 지녔다는 사상이다. 그 지위나 운명은 신이나 신의 섭리에 의해 정해졌을 수도 있다. 예를 들어 19세기 영국의 제국주의자들은 영국의 우월한 가치를 무지몽매한 지역에 전하는 것이 자신들의 임무라고 생각했다. 오늘날 극단적 종교주의를 지향하는 유대인들은 팔레스타인은 신이 내린 자신들의 땅이라면서 국제법을 위반하고 요르단 강 서안 지구West Bank를 점령하고 있다.

예외주의가 가장 널리 퍼져 있는 곳은 미국일 것이다. 필그림파더스(Pilgrim Fathers, 신앙의 자유를 찾아 메이플라워호를 타고 신대륙에 온 최초의 102명을 가리킴. 옮긴이)를 비롯해 초기 식민지 주민들이 신의 인도로 아메리카 대륙으로 건너왔고, 유럽 출신의 정착민들은 "신의 선택에 따라 아메리카 대륙에 퍼져 나갈 명백한 천명manifest destiny"을 받고 왔다는 것이 국가적 신화의 일부로 자리 잡았다. 아직도 많은 미국인이 미국이라는 나라가 전 세계에 불빛을 밝혀주는 특별한 목적을 가졌다고 믿는다.

영국 화가 찰스 루시Charles Lucy 의 작품 〈아메리카 신대륙에 도착한
필그림파더스The Landing of the Pilgrim Fathers in America〉(1868).

일방주의와 다자주의

말 그대로 어느 한쪽을 뜻하는 '일방주의'와 여러 측면을 뜻하는 '다자주의'는 오랫동안 핵군축의 맥락에서 주로 사용되었다. 하지만 최근에는 각국이 외교정책을 수행하는 행위와 관련해서 자주 사용되고 있다.

냉전 시대에 양측 열강은 대규모의 핵무기를 비축했다. 이는 지구를 몇 번이고 멸망에 이르게 할 정도였다. 이렇게 핵무기를 보유하면 상대방이 쉽게 선제공격을 하지 못하는 전쟁 억지 효과가 있다는 것이다(p.218). 그러나 서양에서 핵무기에 반대하는 사람들은 억지 정책이 비도덕적인 데다 위험하다고 주장했다. 서방 세계가 먼저 일방적으로 핵무기를 축소한다면 소련 역시 설득할 수 있으리라고 했다.

그러나 이러한 일방주의가 지극히 순진무구한 생각이라고 반대하는 이들도 있었다. 그들은 오로지 다자주의적 접근법만이 현명하다고 믿었다. 다시 말해 양쪽이 모두 핵무기를 축소하거나 완전히 제거하는 방법이다. 지난 몇십 년 동안 미국과 소련(러시아)은 핵무기 비축량을 줄이기로 잇따라 조약을 맺었지만 여전히 많이 보유하고 있다.

1990년에 냉전 종식으로 미·소 양측의 긴장감이
수그러들면서 국제적인 관심이 핵 확산 문제로 기울었다.
특히 정세가 불안한 지역이나 불량 국가(rogue states, 세계 평화를
해치는 주범이라고 미국에서 지목된 나라들. 옮긴이) 또는 테러리스트
조직들이 대량생산된 핵무기나 화학·생화학 무기를 보유하지
못하도록 막는 것이 주요 관심사였다.

일방주의와 다자주의는 외교정책 시행에도 적용된다. 한
예로 미국의 부시 행정부는 국제적 합의 없이 일방주의적
움직임을 보였다. 부시 대통령은 9·11테러 이후 "미국 편이
아니면 모두 테러리스트"라고 공표했다. 2009년에 취임한
버락 오바마 대통령은 좀 더 회유적인 다자주의를 약속했다.
그는 미국의 적들에게 "주먹을 편다면 손을 내밀 것"이라고
했다.

경제학

경제학은 상품과 서비스의 생산과 유통, 교환, 소비를
분석함으로써 상업 활동을 연구하는 학문이다. 스코틀랜드의
역사학자이자 정치철학자인 토머스 칼라일Thomas Carlyle은
'음울한 학문dismal science'이라고 이름 붙이기도 했다.

오랜 세월에 걸쳐 수많은 경제 이론이 나왔지만 근대
경제학의 기원은 역시 스코틀랜드 출신인 애덤 스미스에게서
찾아볼 수 있다. 스미스는 『국부론』(1776)에서 생산과 국가의
부에서 중요한 세 가지 요소는 노동, 자본, 토지라고 했다.

학문으로서의 경제학은 대개 미시경제학과
거시경제학으로 나뉜다. 미시경제학이 개인과 기업에 관한
사안을 다루는 반면, 거시경제학은 인플레이션, 실업, 성장
등 국가 규모의 경제와 사안을 다룬다. 정부의 경제 규제
정도에 관한 사안은 경제학의 핵심 논쟁이면서 정치 영역에
포함되기도 한다.

경제체제

    국가마다 정부가 경제에 개입하는 정도는 정부의 정치적 특징에 주로 좌우된다. 대부분 국가에서는 정부가 경제를 어느 정도 규제한다. 그뿐 아니라 서비스(때로는 상품도)의 공급자로서, 그리고 민간 부문이 제공하는 상품과 서비스의 소비자로서 경제 부문의 주요 행위자이기도 하다.

    전 세계 국가에서 운영되는 서로 다른 경제체제를 하나의 스펙트럼으로 펼쳐볼 수 있다. 한쪽 끝에는 자본주의의 자유기업 경제가 있다. 생산수단이 전적으로 개인이나 기업 형태의 사적 소유다. 이런 자본주의 체제에서 정부는 경제적 의사 결정에 약간의 역할을 하며, 대단히 분권화되어 있다. 가격과 생산은 전적으로 무수히 많은 시장에 작용하는 수요와 공급의 법칙(p.310)에 의해 결정된다.

    다른 쪽 끝에는 사회주의의 중앙 통제경제가 있다. 하지만 이는 1989년부터 1991년까지 일어난 동유럽 공산주의와 소련의 붕괴 이후로는 찾아보기 힘들다. 사회주의경제에서는 생산과 분배, 소비가 모두 중앙에서 계획된다. 국가가 모든 땅과 산업을 소유하고 국가의 계획에 따라 생산자들에게

자원을 할당한다. 마찬가지로 상품 또한 정해진 몫에 따라
분배한다.

　현실적으로 대다수 국가의 경제체제는 혼합경제다.
혼합경제 모형에서 전력 및 교통과 서비스를 포함하여
대부분의 생산은 민간 부문에서 맡는다. 그 대신 정부가
시장을 규제하고 특정한 목적에 따라 세금이나 관세, 금리,
통화 공급 등을 조절한다. 국가의 이러한 역할은 고용을
위해서일 수도 있고 경제성장을 촉진하기 위해서, 인플레이션
또는 국제수지(수출과 수입의 차이)상 적자를 피하기 위해서일
수도 있다.

재산

재산은 유형(땅이나 건물)이나 무형(예술 작품의 저작권이나 발명품 특허 같은 지식재산)의 가치가 있는 모든 것을 말한다. 법과 정치 이론에서 재산은 무언가를 소유할 권리를 뜻하기도 한다. 재산의 소비, 판매, 임대, 주택담보부 대출, 이전, 교환, 파기 등의 권리가 포함될 수 있다.

사회주의자와 공산주의자는 생산수단(땅, 공장, 광산 등)을 비롯해 많은 것이 공공, 즉 국가의 소유가 되어야 한다고 믿는다. 반면 보수주의자와 자유주의자는 개인이 노동을 쏟은 것을 소유할 권리가 있고 그 재산권은 이전이 가능하다고 주장한다. 그뿐 아니라 그들은 사유재산권이 자유의 필수 조건이라고 말한다. 사유재산권이 보장되지 않으면 개인은 존재하지 않고 집단의 일원만 존재하게 된다는 것이다. 이는 17세기 영국 철학자 존 로크에게서 영향을 받았다.

자본주의

　자본주의는 오늘날 세계적으로 지배적인 경제체제다.
자본주의의 기초가 되는 자본은 투자를 통해 더 많은 부를
생산하는 데 사용될 수 있는 부를 말한다. 자본주의경제의
주요 생산·분배·교환 수단은 개인이나 기업의 소유다. 자본을
보유한 개인을 가리켜 자본가라 하는데, 자본가는 자신의
재산을 자유롭게 사용해 공개적 경쟁으로 이익을 창출할 수
있다.

　자본주의는 18세기와 19세기에 일어난 산업혁명을 통해
발전했다. 그 전까지만 해도 경쟁에는 제약이 따랐다. 예를
들어 특정한 상품을 거래하거나 제조할 권리는 군주에게
있었으므로 비효율적인 독점으로 이어지는 경우가 많았다.
애덤 스미스는 그러한 방식을 비판했다. 그는 『국부론』에서
모든 개인이 자유롭게 경제적 이익을 추구할 수 있다면 사회
전반에 이로운 누적 효과가 나타날 것이라고 했다.

　자본주의 옹호자들은 스미스의 생각을 이어받아 그것이
가장 효과적인 경제체제라고 주장했다. 경쟁을 통해
생산자들이 가격은 낮추고 질은 높일 것이므로 소비자들에게

이익이 된다는 것이었다. 또한 그들은 자본가들이 위험을
무릅쓰고 사업에 부를 투자하는 것이므로 보상을 받아야
정당하다고도 했다.

　비평가들은 자본주의 체제의 노동자들 또한 자본가
못지않게 위험에 노출되어 있다고 말한다. 기업이 파산할
경우 생계 수단을 잃기 때문이다. 또한 논리적으로 볼 때,
자본주의 체제의 기업이라면 경쟁자를 몰아내고 시장을
독점함으로써 상품 가격을 마음대로 정하고 품질을
무시할 것이라고 말한다. 그러한 상황을 막기 위해 다수의
국가에서는 법적으로 독점을 금지하고 있으며, 그 밖에도
사회 전체의 이익을 위해 경제적 자유를 제한하는 법적
장치를 마련해 놓고 있다.

수요와 공급

애덤 스미스는 『국부론』에서 개인이 자신의 경제적
이익을 추구한다면 부지불식간에 사회 전체에 이익이
될 것이라고 설명했다. 그는 이러한 방식을 '보이지 않는
손'이라고 일컬었다. 경제학에서 가장 기본적인 개념인
수요와 공급의 법칙을 말한 것이다.

수요는 소비자들이 구매할 수 있거나 구매 의사가 있는
상품(재화와 용역)의 양이다. 공급은 생산자가 판매할 수
있거나 판매 의사가 있는 상품 및 서비스의 양이다. 수요와
공급은 가격에 따라 달라진다. 가격이 높을수록 구매할
수 있거나 구매 의사가 있는 소비자는 줄어들지만, 최대
이익을 낼 수 있으므로 판매하고자 하는 생산자는 늘어난다.
반면 가격이 낮을수록 구매할 수 있거나 구매 의사가 있는
소비자는 늘어나지만, 이익이 낮으므로 판매하고자 하는
생산자는 줄어든다. 자유시장에서 수요량과 공급량이
일치할 때 성립하는 가격을 균형가격이라고 한다.

시장

　자본주의경제의 중심에는 시장이 있다. 재화와 용역, 자원을 사고파는 일이 이루어지는 장소다. 시장은 수요와 공급의 법칙(p.310)에 따라 움직이는데 시장이 제 기능을 다하려면 경쟁이 효과적으로 이루어져야 한다. 따라서 시장은 두 명만 있으면 성사되는 단순한 거래와는 다르다. 한쪽에서 경쟁이 이루어져야 하므로 시장에는 적어도 세 명이 필요하다.

　시장은 좌판이 열 개쯤 있는 직거래 장터, 비슷한 제품을 파는 소매점들이 경쟁을 벌이는 쇼핑센터, 온라인을 통해 가상 세계에서 운영되는 해외 사이트 등 다양한 규모로 존재한다. 노동시장도 존재한다. 어떤 정부는 해외 투자자들에게 느슨한 법적 규제와 노동자들의 권리 축소 등을 내세우면서 자국에 공장을 건설하도록 유인한다.

　규제 없는 자유시장을 지지하는 사람들은 가장 효과적인 경제체제라는 이유에서 그렇게 한다. 재화나 용역의 질이 떨어지고 소비자가 요구하는 가격을 제공하지 못하는 기업은 실패할 수밖에 없다. 반면 품질과 가격에서 좀 더 효율적으로 대응하는 업체는 경쟁에서 성공할 것이다.
자유시장주의자들은 이러한 경쟁 원리가 이익을 창출하는
생산자와, 원하는 가격으로 원하는 물건을 살 수 있는
소비자 모두에게 이익이라고 주장한다.

비판가들은 자유시장의 효율성에 한계가 있다고
지적한다. 한 예로 수요와 공급의 법칙은 외딴 지역의
교통 서비스 등 사회적 필요를 충족시키지 못할 수도 있고,
생산자들이 환경을 오염시키는 행위 역시 제한하지 못한다.
그뿐 아니라 부가 소수에게 집중되는 현상도 막을 수 없다.
그 밖에도 여러 이유에서 보조금, 규제, 과세 등의 형태로
정부 개입이 어느 정도 필요하다는 데는 사회적 동의가
있다.

노동

노동은 부의 생산에서 노동자가 돈을 받고 공급하는 모든 용역을 뜻한다. 노동자 전체를 가리키는 말로 사용되기도 한다. 규제가 전혀 없는 노동시장에서는 노동자들이 수요와 공급의 법칙〔p.310〕에 따라 적은 돈을 받고 더 많이 일하는 식으로 서로 경쟁해야만 한다. 이를 막기 위해 노동자들은 노동조합을 만들고, 동일 노동에 대해 동일 임금을 받기 위하여 고용주와 단체 협상을 한다.

영국의 경제학자 데이비드 리카도David Ricardo는 '노동가치설'이라고 알려진 학설을 내놓았다. 재화나 용역의 교환가치는 오로지 그것을 생산한 노동의 양에 의해서 형성된다는 것이다. 카를 마르크스〔p.260〕가 이 학설을 받아들였다. 그는 자본가가 노동자의 노동이 상품에 더한 가치보다 적은 임금을 지급하고, 그렇게 얻은 '잉여노동'이 '잉여가치'를 형성해 자본가에게 이익을 준다고 주장했다.

자유무역 대 보호무역주의

    자유무역은 국가 간의 무역을 제한 없이 허용하는
정책이다. 자유무역의 장벽에는 할당(수입량을 제한하는 것),
관세(수입과 수출에 부과하는 세금), 외환관리(중앙은행이 수입품
구매에 사용할 외화 금액을 제한하는 것), 국내 상품에 대한 보조금
지원 등이 있다. 이처럼 자유무역을 제한하는 조치는
보호무역주의로 이어진다. 외국 상품과의 경쟁에서 자국
경제를 보호하려는 정책이다.

    애덤 스미스의 『국부론』이 나오기 전까지는 조금씩
형태가 다르긴 했지만 보호무역주의가 일반적이었다.
스미스는 어떤 자원이 풍부하거나 어떤 상품을 특히 잘
만드는 국가의 경우, 외국으로의 수출을 자유롭게 허용하면
부의 축적에 엄청난 도움이 된다고 주장했다.

    애덤 스미스의 뜻을 이은 19세기 자유무역 지지자들은
보호무역주의가 다수의 인구층을 희생하고 소수의
생산자에게만 이익을 준다고 지적했다. 특히 그들은
자국 농부들의 이익을 위해 높은 가격을 유지하고자
곡물 수입을 제한한 영국의 곡물법을 예로 들었다. 결국

영국의 노동자들은 높은 가격을 주고 빵을 사야 했고
제조업자들은 잉여소득이 별로 없어 자신들의 상품이 잘
팔리지 않는다고 불평했다.

　곡물법은 1846년에 폐지되었지만 그 후로도
국제무역에서의 표준은 보호무역주의 정책이었다.
경제 침체기에는 특히 그러했다. 20세기 후반에
초국가적 자유무역 영역이 넓어지고 공동시장이 많이
생겨났지만 비회원 국가에는 여전히 거래 장벽이 있었다.
세계무역기구(World Trade Organization, WTO)는 자유무역을
세계적으로 확대하고자 정기적으로 회담을 개최한다.
그러나 규제 없는 자유무역이 가난한 국가들의 경제
발전을 희생시키면서 선진국들에만 혜택을 주는 경향이
있다는 시각도 존재한다.

케인스주의

케인스주의는 영국의 경제학자 존 메이너드 케인스John
Maynard Keynes가 1930년대의 대공황으로 엄청난 실업 사태가
발생한 당시에 내놓은 경제 이론이다. 다른 경제학자들은
노동자들이 낮은 임금을 수용한다면 자유시장 체제 속에서
곧 완전고용에 이를 수 있다고 주장한 반면, 케인스는 높은
실업률은 재화와 용역에 대한 총수요가 부족하기 때문이며
노동자의 임금 삭감은 수요를 감소시키는 결과만 가져올
뿐이라고 했다.

케인스는 정부가 공공근로 사업 등을 관장해 적극적으로
개입함으로써 수요를 자극해야 한다고 주장했다. 미국은
1930년대에 그러한 정책을 추구했다. 프랭클린 D. 루스벨트
대통령의 뉴딜 정책은 후버 댐(옆쪽) 건설을 비롯해 각종
거대한 사업으로 이어졌다. 1950년대와 1960년대에 이르러
다른 서구 국가들도 케인스의 경제학을 받아들였다.
1970년대에 통화주의자들과 많은 논쟁을 겪기도 했지만
케인스주의는 지금도 여전히 영향을 끼치고 있다.

성장

성장은 한 경제 단위에서 특정 기간에 재화와 용역의
총생산이 증가한 것을 뜻하는 경제 용어다. 정부는
경제성장을 주요 정책으로 삼는다. 성장을 통해 지역사회가
번영하면 소비가 늘어나고, 정부도 교육과 보건 등 좀 더 나은
서비스를 제공할 수 있기 때문이다. 이 모든 것이 국민의
생활수준을 향상시킨다.

한 국가의 경제성장에 영향을 끼치는 요인은 수없이 많다.
공장의 기계 설비 같은 자본재의 수와 양 증가, 노동력과
자연 자원의 증가, 이 요인들의 효과적 사용을 통한 생산성
향상, 기술 진보 및 상품 혁신, 총수요 증가 등이 그에 속한다.
좀 더 효율적인 생산과 분배를 통해 상품 가격이 낮아지면
노동자의 실질임금이 높아지는 효과가 나타나 수요가 늘어날
수 있다.

일반적으로 산업화 국가에서는 앞에서 언급한 요인들이
모두 작용한다. 18세기와 19세기 유럽과 북아메리카에서
산업화가 진행되었고, 오늘날에도 브라질, 인도, 중국 등의
나라에서 진행되고 있다. 이들 국가는 서구 국가들보다 훨씬

높은 성장률을 보인다.

경제성장을 가장 중요한 목표로 삼는 정책은 여러 관점에서 비판받아 왔다. 성장은 소비자들이 필요하지 않은데도 최신 상품을 꼭 사야만 한다고 믿게 하는 '인공 수요'를 창출하기도 한다.

무제한적인 성장은 금속이나 화석연료처럼 재생 불가능한 자연 자원을 고갈시킬 수도 있다. 또한 산업과 농업 부문에서 생산성을 높이고자 하는 관행은 환경을 지속적으로 파괴할 수 있다. 그래서 어떤 사람들은 장기적으로 볼 때 지구가 지속 가능한 수준으로 성장을 제한해야 한다고 주장한다.

통화주의

통화주의는 1970년대 이후로 영향력을 발휘하고 있는
경제사상으로, 미국의 경제학자 밀턴 프리드먼Milton Friedman이
대표적인 통화주의자다. 통화주의에서는 경제의 핵심 요인이
동전, 화폐, 은행 예금 형태로 이루어진 통화 공급이라고
말한다. 재화와 용역 생산의 증가가 뒷받침되지 않는 채로
통화량만 증가하면 수요가 증가해 인플레이션이 발생한다.

케인스주의〔p.318〕와 대립하는 통화주의는 통화 공급
관리를 제외하고는 정부가 경제에 간섭하지 말아야 한다고
주장한다. 그들은 자유시장〔p.312〕을 옹호하는 것 외에도
완전고용이라는 목표를 거부한다. 일정한 수준의 실업률이
임금을 낮게 유지하고 인플레이션을 통제하기 때문이다.
1970년대에 인플레이션이 발생했고, 1980년대에 미국의
레이건 대통령과 영국의 마거릿 대처 총리 등 몇몇 정부에서
통화주의를 채택했다.

개발

경제학에서 '개발'은 농업을 기반으로 하는 가난한
사회가 현대 산업화 경제로 변화하는 과정을 뜻한다.
경제성장(p. 320)과 동일어로 쓰일 때도 있지만 일반적으로
개발은 구조적 변화를 암시한다. 즉 양보다는 질적 변화를
나타낸다.

개발은 제2차 세계대전 이후 유럽의 식민주의(p. 246) 시대가
저물면서 세계적인 관심사로 떠올랐다. 정치권력의 균형에
변동은 생겼지만 선진국들은 자국의 상품을 판매하고 자연
자원과 농업 생산품의 안정적인 공급처를 확보하기 위해
해외시장을 유지하는 데 적극적이었고, 과거 식민지를
경제적으로 계속 지배했다. 때때로 다른 국가를 지원하기도
했지만, 이는 자국의 경제적 이익 때문이었고 냉전 시대에는
정치적 이해관계와도 연결되었다. 오랫동안 선진국은 세계의
5분의 1에 불과했고 나머지 5분의 4에 해당하는 국가들은
가난을 면치 못했다.

냉전 시대가 막을 내린 후 전 세계에 변화의 물결이
일었다. 중국 같은 국가들은 사회주의 중앙 통제경제를

버리고 급속한 경제성장을 꾀하기 시작했다. 오늘날 전 세계 국가의 5분의 1이 부유하고 5분의 3은 산업화를 통해 빠르게 선진국을 따라잡고 있으며 나머지 5분의 1만이 가난하다. 가난한 5분의 1은 주로 사하라 사막 이남의 아프리카 국가들이다. 내전, 뛰어난 리더십의 부재, 부정부패, 석유나 다이아몬드 같은 단일 자연 자원에 대한 지나친 의존 등의 요소가 이들 국가의 발전을 가로막는다.

2001년에 국제연합에서는 회원국들이 여덟 가지 항목으로 구성된 '새천년 개발 목표'에 합의했다. 그 목표는 극심한 빈곤과 기아 퇴치, 초등교육의 완전 보급, 성 평등 촉진과 여권 신장, 유아 사망률 감소, 임산부의 건강 개선, 인간 면역결핍 바이러스HIV·후천성면역결핍증AIDS과 말라리아 등 질병 퇴치, 환경의 지속 가능성 보장, 발전을 위한 전 세계적인 동반 관계 구축 등이다. 이 목표를 2015년까지 달성하기로 선언했지만 가시적 성과는 거두지 못했다.

세계화

세계화는 15세기와 16세기 유럽의 대항해 시대와 함께
시작되었다. 신대륙 탐험을 통해 세계무역과 이동, 문화
교류의 새로운 시대가 열렸다. 특히 냉전이 막을 내린
이후부터는 세계화에 속도가 붙었다. 정치와 무역의 장벽이
허물어지고, 선진국의 기업들이 값싼 노동력이 풍부한
개발도상국으로 생산 공장을 옮겼다. 컨테이너 수송과
인터넷 등 운송과 통신 부문의 혁명도 중요한 역할을 했다.

세계화는 인도와 중국 같은 신흥 경제에 막대한 성장을
가져다주었고 서구 민주주의의 가치가 퍼지는 데도
기여했다. 그러나 비평가들은 세계화로 개발도상국의
불평등과 노동자 착취가 심화되고, 거대 다국적기업의
등장으로 현지의 생산자들이 휘청거리며, 패스트푸드와
영화·패션 등 모든 분야에서 동질성이 문화 다양성을
위협한다고 지적한다.

게임이론

우리는 경제학이 각종 공식과 그래프로만 이루어졌다고 생각하는 경향이 있다. 하지만 경제학은 언제나 합리적이지만은 않은 인간의 행동 또한 고려해야 하는 정확하지 않은 학문이기도 하다. 게임이론은 경제학자들이 사용하는 도구 중 하나로 다른 분야에도 응용된다.

게임이론은 응용수학의 한 분야이지만 자연과학에서 사용되는 응용수학은 비인간적 세계에서 일어나는 방식을 필요로 하므로 게임이론과는 많이 다르다.

게임이론은 두 명의 미국인 존 폰 노이만John von Neumann과 오스카 모르겐슈테른Oskar Morgenstern이 쓴 저서 『게임이론과 경제 행동The Theory of Games and Economic Behavior』(1944)에서 비롯되었다. 그들은 경제학을 플레이어가 상대방의 움직임을 예측하려고 하는 게임에 비교했다. 그 후 게임이론은 군사전략과 정치, 진화생물학 등 참가자의 결정이 결과에 영향을 끼치는 여러 분야에서 활용되었다. 게임이론은 자기 이익과 협상, 허세 같은 심리적 요인 역시 고려한다는 점에서 고전적인 확률 이론과는 다르다.

　　게임이론의 가장 유명한 시나리오는 이른바 '죄수의
딜레마'다. 공범 두 사람이 체포되어 따로 심문을 받고
있다. 두 공범은 검찰로부터 똑같은 제안을 받는다. 죄를
자백하거나 침묵을 유지하거나 둘 중 하나다. 검찰은
그들에게 둘 중 한 사람이 자백하고 한 사람은 침묵할 경우,
자백한 사람은 풀려나지만 침묵한 사람은 10년형을 받게
된다고 말한다. 그리고 만약 둘 다 침묵하면 각각 1년형을
받고, 둘 다 자백하면 각각 5년형을 받는다.

　　수학적으로 볼 때 가장 나은 선택은 둘 다 침묵하는 것이다.
그러나 게임이론에 따르면 자신이 석방되고 싶다는 이기심
때문에 둘 다 자백을 선택한다. 나는 침묵했는데 상대가
자백한다면 최고 형량을 받게 되므로 위험을 무릅쓰려고
하지 않는다. 결국 자백이 최선의 선택처럼 여겨지는 것이다.
하지만 전체 상황을 봤을 때는 그렇지 않음을 알 수 있다.
이러한 딜레마가 되풀이된 후에야 참가자들은 협동하는 법을
배우게 된다.

사회학

사회학은 발달과 조직, 기능, 분류 등 인간 사회에 대해 연구하는 학문이다. 사회학이라는 말은 19세기 프랑스의 실증주의 철학자 오귀스트 콩트〔p.66〕가 처음 사용했다. 그는 사회학이 하나의 학문이 될 수 있으리라 믿었다. 나중에 프랑스의 에밀 뒤르켐Emile Durkheim과 독일의 막스 베버Max Weber가 사회학을 학문으로 발전시켰다.

오늘날 사회학은 연구 결과를 실험적으로 검증할 수 없어서 사회인류학, 정치학, 경제학, 심리학 등과 함께 '사회과학'으로 여겨진다. 사회학 분야에서 활용되는 방법으로는 태도와 행동 및 사회적 조건에 관한 통계 조사, 참여 관찰, 서로 다른 사회의 체계적 분석 등이 있다. 관심 분야는 계급과 같은 사회적 계층화, 범죄, 일탈 행위, 개인 및 집단 행동에 끼치는 사회 전체와 학교 및 군대를 비롯한 제도의 영향 등이다.

인류학

인류학은 말 그대로 '인류에 대한 연구'를 뜻하는데
고고학과 언어학은 물론 자연인류학, 사회(또는 문화)인류학
등 범위가 매우 다양하다. 따라서 자연과학과 인문학은
물론 사회과학의 요소가 혼합되기도 한다. 근대 인류학은
19세기에 처음 등장했고 앞에서 말한 주제가 모두 함께
연구되었다. 그러나 오늘날 여러 대학에서는 인류학의 여러
갈래를 완전히 별개로 보고 서로 다른 학과, 심지어 서로 다른
학부에서 가르친다.

자연인류학은 인류의 기원과 진화, 신체적 다양성을
연구하는 학문으로 현재 인간생물학의 한 분야로 간주된다.
인간을 다른 동물과 구분하는 특징인 문화와 사회, 환경과
인간생물학과의 상호작용을 연구하는 한편 고고학과 유전학,
동물행동학을 활용하기도 한다. 머리뼈 치수 등을 이용한
방법으로 인간 '종'을 서로 비교한 초기 자연인류학자들의
이론은 현재 사이비 과학의 성격을 띤 인종차별주의(p. 248)로
간주되어 신빙성을 잃었다.

사회인류학은 인간 집단의 문화적, 사회적인 부분을

다룬다. 19세기와 20세기 초반에 처음 등장했을 때는 산업화 이전의 '원시' 사회에 초점이 맞춰졌다. 하지만 근래에 이르러 인류학자들은 현대 산업사회에도 같은 연구 방식을 적용했다.

서로 다른 문화를 체계적으로 비교하는 학문을 민족학이라고 한다. 특정 문화나 사회에 대한 연구는 민족지학이라고 한다. 보통 민족지학은 참여 관찰을 통해 이루어진다. 인류학자가 상당한 기간에 걸쳐 해당 문화 속으로 직접 들어가는 방법이다. 민족지학의 관점에서나 이론적 관점에서나 사회인류학자들의 주요 관심사로는 친족, 남녀 관계, 자녀 양육, 관습과 의식, 신화와 종교, 소비와 거래, 게임, 축제, 그리고 도구와 음식, 의상 같은 물질문화의 산물 등이 있다.

상대주의

상대주의 개념은 인류학에서 특히 중요하다.
인류학에서는 문화적 도덕적, 인지적, 방법론적 상대주의를
구분한다. 더 '우월한' 문화는 없다는 문화상대주의는
계몽운동에서 유래했다. 그렇지만 20세기 초에 이르러서야
문화상대주의는 특정 민족 중심의 방식 대신 객관성을
추구할 목적 아래 인류학의 원칙으로 확립되었다.

일부 인류학자는 문화상대주의에서 한 걸음 더 나아가
보편적인 인권(p. 292) 같은 도덕적 절대 기준을 거부하는
도덕적 상대주의를 채택했다. 그런가 하면 인지적
상대주의라는 관점도 있다. 문화마다 서로 다른 사고와
지식의 영역에 존재하므로 경계를 넘어가기가 힘들거나
불가능하다는 입장이다. 현재 도덕적 상대주의와 인지적
상대주의는 모두 신뢰를 잃었다. 하지만 방법론적
상대주의는 여전히 인류학자들에게 활용되고 있다.
자신들의 문화와 도덕적 견해에 따른 편견을 버리고 타인의
믿음과 행동을 이해하고자 함이다.

미얀마의 카렌족 여인들은 링을 이용해 목을 길어 보이도록 변형시켜서
일명 '기린 목 여인들'이라고 불린다. 서구 문화의 기준에서는 기이하게 보이는
문화 현상의 대표적인 사례다.

의식

인류학자들은 의식에 특별한 관심을 쏟는다. 외부인에게는 무작위한 것으로 보이지만 참여자들에게는 대단히 중요하고 전체적으로 일정한 순서를 갖춘 듯한 행동을 이해하기 위해서다. 의식은 종교적 관습과 관련 있을 때가 많지만, 공동체의 전통에 따른 형식적인 행동이 전부 포함될 수 있다. 이러한 행동은 매우 상징적이지만 기능적 요소가 강한 경우도 있다.

의식에는 결혼이나 장례식 같은 통과의례, 제물을 바치는 숭배 행위, 단체 등에 가입하는 행위, 연극 공연 후의 커튼콜처럼 존중이나 찬성을 단체로 표현하는 것 등 매우 다양한 사례가 있다. 특히 많은 사람이 참여하는 의식일 때는 신전이나 극장, 경기장 같은 특별한 장소에서 행해지기도 한다. 하지만 장소에 상관없이 시행되는 의식도 있다. 예를 들어 다수의 사회에서는 두 사람이 만났을 때 악수나 포옹, 입맞춤을 한다.

의식의 목적은 다양하다. 종교의식은 정서적 또는 영성적 목적일 때가 많지만 다른 단체 의식과 마찬가지로 사회적 유대감을 강화하고 공동의 믿음과 가치를 표현하기 위해서이기도 하다. 중요한 변화를 기념하기 위한 의식도 있다. 통과의례는 지위의 변화를 인정하는 의식이다. 소년이 사춘기에 접어들었을 때 받는 포경수술이나 죽은 사람의 관 옆을 지키며 밤을 새우는 일 등이 그렇다.

인류학자들은 의식의 기본 구조를 파헤쳐 서로 다른 문화의 의식에서 인간 행동에 관한 보편적 요소가 나타나는지 알아보고자 했다. 가령 모든 통과의례는 분리, 과도, 통합이라는 세 단계를 거친다. 아프리카 마사이족 소년들의 전사가 되는 의식이나 스코틀랜드의 새해 첫날 맞이 축제에서 자정 이후 찾아온 첫 손님을 대접하는 의식 모두가 같은 단계를 밟는다.

신화

보편적으로 인간 사회는 세계관을 설명하기 위해서나 집단 정체성을 강화하기 위해 신화를 만들었다. 신화는 계절에서 인류의 기원에 이르기까지 자연현상을 설명하는 것일 수도 있다. 그리고 악, 죽음, 금기, 시간 등을 다루기도 한다. 우주 창조에 관해 이야기하는 신화는 우주생성론이라고 하는데 과학 발생 이전의 시대에 흔히 볼 수 있었다. 과학에 설명의 역할을 빼앗겼지만 신화에 담긴 정서적, 영적 공명 효과는 여전히 남아 있다.

또한 부족에서 국가까지 공동체를 단결시키는 신화의 역할은 여전히 중요하다. 그런 신화에는 잔 다르크나 조지 워싱턴 같은 국가적 영웅이 등장하고, 메이플라워호의 신대륙 도착이나 1940년 영국군과 프랑스군의 됭케르크 철수 작전 같은 역사적 사건이 들어간다. 오늘날에도 신화 창조의 과정은 정부의 선전이나 홍보 전문가들의 영역에서 여전히 이어지고 있다.

계급

오늘날 우리는 사회 계층화와 분열을 주로 계급적
측면에서 바라본다. 그러나 사회구조에는 다양한 방식이
있을 수 있다. 한 예로 성별, 민족, 종교, 언어를 토대로 하는
수평적 분할이 있다. 이러한 요소는 오늘날에도 계급 같은
수직적 분할에 영향을 끼친다.

수직적 분할은 수렵 및 채집 사회에서 농경
사회로의 이행이 이루어진 이후로 지금까지 인간
사회의 명백한 특징이었다. 가령 중세 유럽 사회는
귀족·성직자·평민이라는 세 계급으로 나뉘었고, 힌두교를
믿는 인도에는 카스트 제도가 약 2천 년 동안 이어져 왔다.

카스트 제도는 아직도 남아 있는데, 출생과 동시에 정해진
계급이 평생 바뀌지 않고 다른 계급과의 결혼도 허용되지
않는다. 계급은 직업을 말해 주기도 한다. 가장 높은 계급은
브라만, 즉 사제 계급이다. 가장 낮은 계급인 '불가촉천민'은
가장 천한 일을 하는 계급이기도 하다. 산업화와 정부의
법률 제정을 통해 카스트 제도가 약간 느슨해지는 했지만
인도에서는 여전히 큰 영향력을 끼친다.

　현대 산업자본주의에서 사회 분열은 주로 계급 분열이다. 계급을 나누는 가장 결정적 요인은 경제적 요인이므로 신분제나 카스트 제도보다 사회이동의 가능성이 훨씬 크다. 카를 마르크스〔p. 260〕는 수익 창출에 사용되는 재산인 자본〔p. 308〕과의 보편적 관계에서 계급을 인식했고 크게 두 계급으로 나누었다. 부르주아는 대부분의 자본을 소유하고 노동력의 대부분을 이용한다. 반면 노동자들은 자본을 소유하지 않으며 임금을 받고 부르주아를 위해 일한다.

　오늘날에는 계급을 지위와 직업으로 바라보는 경향이 있다. 이는 독일의 사회학자 막스 베버가 처음 제안한 관점이다. 이 관점에서 분류한 계급에서는 의사나 변호사 같은 전문직과 간부 등 중상층이 맨 위에 놓이고, 특별한 기술이 없는 노동자들이 맨 아래에 놓인다.

소외

소외는 근대 산업자본주의에 살고 있는 개인이 사회에
대한 소속감을 잃어버리고 무력감과 자아로부터 분리되는
느낌을 경험하는 과정이다. 카를 마르크스(p. 260)는 산업
노동자는 소외만이 아니라 사람이 물건이 되는 사물화,
노동자가 자신을 상품처럼 파는 상품화로 고통받는다고
했다. 공장 시스템과 분업이 노동자들로 하여금 일에 대한
통제력을 잃고 사물화되도록 부추긴다. 1936년에 나온 영화
〈모던 타임스〉(옆쪽)에서 찰리 채플린은 공장의 생산 라인에서
일하며 느끼는 소외감으로 정신이 이상해지는 노동자를
연기했다.

사회학자들은 소외와 '아노미'를 연결하기도 한다.
아노미는 일반적인 믿음이 붕괴하고 도덕적 확신이 부족한
사회에서 흔히 나타나는 혼란과 무규범 상태를 말한다.
소외와 아노미는 무조건적 순응과 정치적 무관심을
불러일으키며, 심지어 심리적 문제나 자살로도 이어질 수
있다.

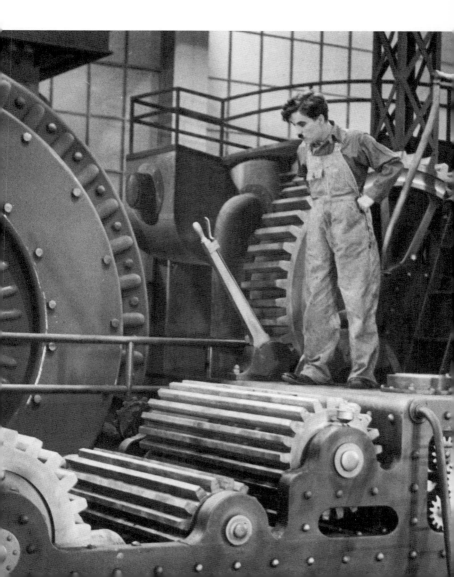

일탈

일탈은 사회학자들이 사회규범을 벗어난 개인의 모든
행동을 가리키는 데 사용하는 말이다. 규범은 사회에 널리
퍼져 있는 관례나 법칙을 말하며, 일탈 행동은 사회의 비난을
받는다. 규범 중에는 도덕을 토대로 한 것도 있고, 법에
통합된 것도 있으며, 실용적이지만 완전히 비논리적인 것도
있다.

규범은 사회마다 다르고, 시대에 따라서도 변한다. 한 사회
안에서도 특정 계급이나 연령층 등 집단마다 고유한 규범이
있을 수 있다. 물론 살인이나 근친상간, 식인 행위에 대한
금기처럼 거의 보편적인 것들도 있다. 그런가 하면 문화에
따른 차이도 나타난다. 예를 들어 엄지를 치켜드는 행동은
유럽 여러 국가에서는 동의나 허락의 의미이지만, 이탈리아의
사르데냐 섬에서는 성적 모욕을 뜻한다.

사회마다 일탈로 간주하는 행동과 믿음, 상태가 있을 수
있다. 식사 예절을 어기는 것부터 성적 금기를 깨뜨리는
행위, 종교와 관련된 모독, 인종차별적 표현, 신체적 또는
정신적 장애에 대한 모독, 강도나 살인 같은 중대한 범죄 등이

그러하다. 단순히 외면함으로써 가벼운 반대를 나타내는 것부터 구속이나 사형 등의 법적 처벌까지 비난의 정도도 다양하다.

지난 몇십 년 동안 동성애에 대한 태도 변화를 보면 사회규범이 바뀔 수 있음을 알 수 있다. 과거에 정신과 의사들은 동성애를 '규범의 일탈'뿐만이 아니라 치료가 필요한 정신병이라고 보았다. 또한 여러 서구 국가에서는 동성애를 범죄로 보고 법에 따라 처벌했다. 오늘날 깨어 있는 사회에서는 동성애를 '일탈'이 아니라 '다름'으로 보고 법적 처벌 또는 의학적 치료 대상에서 제외했다.

사회규범의 확립과 준수는 권력을 보여 주는 표시이기도 하다. 모든 형태의 일탈이 기존의 권위에 순응하기를 거부하는 정치적 행동이라는 해석도 있다. 이런 경향은 특히 좌파 자유지상주의자(p.254)들 사이에서 나타났다. 하지만 서구 사회에서 관용이 확대되면서 일탈이 가진 전복적인 우위도 사라졌다.

범죄

　범죄는 국가의 법에 따라 사회적으로 해롭거나
위험하다고 규정된 행동을 말한다. 역사적으로 대부분의
사회에서 절도와 살인을 범죄로 여겼지만, 그 밖의
범죄는 사회에 따라 달랐다. 예를 들어 자살은 영국에서
1961년까지는 범죄였는가 하면, 채권과 주식의 '내부자
거래'는 1980년대에 이르러서야 여러 국가에서 범죄로
규정되었다.

　범죄는 여러 범주로 나눌 수 있다. 사람과 관련된 범죄에는
살인과 강간이 포함되고, 재산에 관련된 범죄에는 절도나
기물 파손 등이 있다. 공공질서와 관련된 범죄에는 폭동이나
인종 증오를 선동하는 것이 있고, 국가와 관련된 범죄에는
폭동과 반란이 있다. 범죄 재판에서 검찰은 피고가 해당
범죄를 저지른 사실에 '의심할 여지가 없고', 그가 전적인
의도를 가지고 한 행동임을 밝혀야 한다. 유죄가 증명되면
피고는 처벌을 경감받기 위해 정당방위나 협박, 정신이상
등을 내세워 변론할 수 있다.

처벌

    범죄는 생명과 재산, 자유 등과 관련된 피해자의 권리와
자유를 침범한 행위로 볼 수 있다. 사회계약설(p.212)에
따르면 국가가 지켜줘야 하는 개인의 권리다.
아이러니하게도 국가가 타인의 권리와 자유를 박탈하는
이들에게 가하는 제재는, 가해자가 자신의 권리와 자유를
누리지 못하도록 하는 것일 때가 많다.

    처벌은 크게 두 가지 이유에서 정당화될 수 있다. 첫째는
처벌이 그 자체로 선이라는 것이다. '죄에 적합한 벌'을 통한
정의 구현이기 때문이다. "눈에는 눈, 이에는 이"라는 『성경』
구절처럼 처벌을 인과응보의 관점으로 바라본다. 오늘날에도
살인죄에 대한 사형 구형을 옹호할 때 사용되는 관점이다.

    범죄자가 죄에 대한 '대가'를 받는 이미지는 일반적이고
일종의 도덕적인 책임이 작용한다고 생각하게 해 준다.
'사회에 진 빚'을 갚고 나면 사회는 균형과 안정감을
되찾는다. 비서구 국가에서는 폭력 범죄의 가해자가 '피
묻은 돈(blood money, 살해된 사람의 유족에게 주는 위자료. 옮긴이)'으로
처벌을 면하기도 한다. 또 일부 서구 국가에서는 기소된

사람이 형벌의 일부로 보상금을 내야 하는 의무가 있다.

처벌에 대한 두 번째 시선은 공리주의(p.116)적 관점이다. 처벌 자체는 선이 아니지만 사회의 더 큰 선에 기여하는 필요악이라는 것이다. 공리주의는 다양한 근거에서 처벌을 옹호한다. 첫째는 범죄자의 자유(또는 목숨)를 박탈함으로써 범죄의 재발을 막으면 사회가 더욱 안전해질 수 있다는 주장이다. 둘째는 처벌이 범죄를 억제하는 역할을 하여 공공선에 유익하므로 정당화될 수 있다는 관점이다. 셋째는 처벌이 범죄자의 사회 복귀를 도와주는 유익한 갱생 기회라는 관점이다.

심리학

　심리학은 전문가의 관점에 따라 정신이나 인간, 동물 행동, 인간과 사회적·물리적 환경의 상호작용을 연구하는 학문이라고 설명할 수 있다. 철학자들은 수세기 동안 정신의 원리에 관해 생각했다. 하지만 심리학이 과학적 객관성을 열망하는 개별 학문으로 확립된 것은 빌헬름 분트Wilhelm Wundt가 독일에 실험실을 설립하면서였다.

　분트와 동시대 학자들은 내성법內省法에 주로 의존했다. 내성법은 자신의 정신 상태를 스스로 관찰하고 분석하는 방법이다. 그러나 분트 자신조차도 그것이 과연 믿을 만한지에 대해 의구심을 가졌고, 내성법은 이내 행동 연구만으로 연구 영역을 제한한 행동주의에 가려져 버렸다(p.364). 20세기를 지나오는 동안 이론적이거나 실용적인 심리학 학파가 다수 등장했다. 실용 심리학 중에서도 교육, 임상, 직업심리학 분야는 특히 그 중요성이 증명되었다.

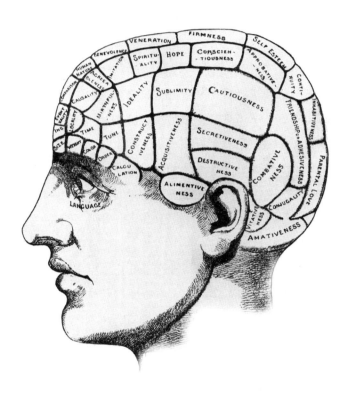

기억

기억은 개인 정체성〔p.38〕의 핵심을 차지한다. 또한
지성을 갖춘 존재로서 인간이 살아가는 데도 필수적인
요소다. 기억이 없으면 과거에 대한 개념도 없고 타인이나
외부 세계와의 관계에 대한 개념도 없을 것이다. 또한 기억
없이는 현재와 미래의 행동에 토대가 되는 정보나 지식,
경험을 유지할 수도 없다.

기억은 세 가지 과정으로 이루어진다. 경험이 뇌에
들어오는 '등록' 단계, 단기간 또는 장기간 뇌에 유지되는
'저장' 단계, 마지막으로 저장된 기억을 꺼내 주의를 쏟는
'재생' 단계다.

매일 우리의 기억은 외부에서 입력되는 막대한 양의
데이터에 노출된다. 그러나 그중에서 지극히 일부만이
등록된다. 우리의 뇌는 학습을 통해 그중에서 중요한 정보를
선택하는 방법을 알고 있으며, 정보를 보유하기 위해서는
어느 정도의 반복이 필요하다. 예를 들어 시를 외우려면
몇 번씩 암송해야 한다. 그러면서 장소의 이미지가 남게
되고 '마음의 눈'을 통해 그 이미지를 반복적으로 불러낸다.

재생 단계는 일반적으로 연상과 관련된 신호에 좌우된다. 프랑스의 소설가 마르셀 프루스트는 어린 시절에 그랬던 것처럼 마들렌 과자를 홍차에 적셔 먹는 순간 어린 시절의 잃어버린 시간 속으로 돌아간다. 이 경험에서 얻은 영감으로 그 유명한 작품『잃어버린 시간을 찾아서』를 썼다.

신경생리학자들은 기억이 인간의 뇌 속에서 일어나는 물리적 과정과 어떤 연관이 있는지 조금씩 실마리를 찾아가고 있다. 뇌는 수십억 개의 신경세포, 즉 뉴런으로 이루어져 있다. 모든 뉴런은 전기화학적으로 전기충격을 서로 전달할 수 있다. 어떤 경험이 뇌에 등록될 때 특정 집단의 뉴런에서 특정한 연결 패턴이 만들어진다고 알려져 있다. 기억은 반복적인 신경 경로가 만들어질 때 보유되고 자극을 통해 경로가 활성화되면 재생된다.

인식과 감각

일반적으로 인식과 감각을 구분한다. 감각은 시각, 청각, 촉감, 후각, 미각이 외부로부터의 정보를 받아들여 뇌에 보내는 과정을 말한다. 인식은 감각이 제공하는 정보를 인지하고 느끼는 것이다. 인식에는 주로 세상의 이해를 도와주는 머릿속 지도와 그 전의 경험을 토대로 하는 어느 정도의 해석이 따른다.

아기를 예로 들어 감각과 인식의 차이를 알아보자. 아기의 눈은 어른의 눈과 똑같은 정보를 등록한다. 하지만 아기는 눈에 보이는 대상에 대해 아무런 경험이 없으므로, 두 사람의 인식은 완전히 다르다.

경험이 있으면 인식을 통해 예상할 수 있다. 이를테면 물체의 일부만 보고 전체를 짐작할 수 있다. 하지만 이런 인식은 착시의 경우처럼 오류로 이어질 수도 있다.

대부분의 사람은 이 그림을 아리따운 젊은 아가씨나 추한 노파, 둘 중 하나로
인식한다. 처음에 어떤 이미지로 인식했든 곧바로 다른 이미지로 바꿔 인식할 수 있다.

지능

'무엇이 지능을 이루는가?'라는 질문은 유전과 환경
중에서 무엇이 개인의 지능에 결정적 역할을 하는지만큼이나
여전히 뜨거운 토론 주제다.

20세기 초반에 프랑스의 심리학자 알프레드 비네Alfred
Binet는 최초의 지능검사를 고안해 학생들에게 실시했다.
얼마 후 지능검사의 통계적 토대가 IQ(지능지수)의 형태로
제공되었다. IQ는 실제 연령과 지능검사 결과에서 나온
지능연령의 비율로 계산한다. 일반적으로 IQ 검사는 언어적
추론과 비언어적 추론을 모두 사용하며, 천부적 지능을
측정하는 것으로 추정된다. 그러나 IQ 검사를 잘 보는
요령을 아이들에게 가르쳐 줄 수 있다는 사실이 드러나면서
신빙성이 약해졌다.

스위스의 심리학자 장 피아제Jean Piaget는 새로운
지능 모형을 고안했다. 피아제는 아동의 사고 과정에서
인식·판단·추론을 집중적으로 연구했고, 성인 지능 발달과는
질적으로 다른 단계를 설명했다. 그는 필요한 경험을
제공하는 환경요인에 따라 지능 발달 단계가 달라지므로 그

과정을 개선하기 위해 아이들에게 맞춤화된 교육을 제공해야 한다고 주장했다.

하지만 IQ 검사와 피아제의 모형은 둘 다 문화적 차이를 고려하지 않는다. 이에 지능을 문화적으로 정의하는 제3의 방법이 등장했다. 사회마다 중요시하는 능력이 다르기 때문이다. 예를 들어 수렵·채집 사회라면 자연환경에 대한 지식과 사냥에 관한 실용적 기술을 합치는 능력이 중요하다. IQ 검사에서 높은 점수를 받는 기술은 현대 산업사회에서 중시되는 기술들과 관련 있으며, 다른 형태의 사회에서는 무용할 수 있다.

지능에 관한 또 다른 연구에서는 '정서 지능'의 중요성을 강조한다. 이 견해의 지지자들은 문제 해결 같은 인지적 영역은 지능의 일부에 불과하다고 말한다. 인간이 살아가는 데는 자신과 타인의 감정을 이해하고 통제하는 능력 또한 중요하다는 것이다.

감정

　감정은 분노, 공포, 기쁨, 슬픔 같은 강렬한 느낌이다.
감정은 내적 현상일 뿐 아니라 표정이나 행동으로도
나타난다. 다윈은 표현에 담긴 의미를 인식하는 능력이
생존에 중요하다고 했다.

　감정은 환경이 보내는 정보 입력과 주관적 경험, 생리적
변화, 행동의 출력 등이 합쳐진 복잡한 결과물이다. 예를
들어 위험을 인식하면 공포가 느껴지면서 아드레날린이

치솟아 심장박동 수와 혈중 포도당 수치가 올라간다. '투쟁-
도피fight or flight' 반응이 준비되는 것이다. 또한 우울함을
느끼면 체내 화학물질인 세로토닌 수치가 감소한다. 하지만
우울함을 느끼는 원인이 외부에 있는지(실직이나 가까운 이의 죽음
등), 체내 화학작용의 변화 때문인지는 알 수 없다. 기계적
설명만으로는 결코 답이 나오지 않는다.

정신분석과 프로이트주의

오스트리아의 정신과 의사 지크문트 프로이트는 20세기 가장 영향력 있는 인물 가운데 한 명이다. 그의 많은 이론이 비과학적이라고 평가받기는 했지만, 의식과 인간의 경험에서 성이 중요하다는 주장은 사람들이 자신에 대해 생각하는 방법 자체를 바꿔놓았다.

프로이트는 19세기 빈에서 정신의학 이론을 개척했다. 그는 히스테리 등 각종 신경증을 보이는 환자들을 치료했으며, 어린 시절에 경험한 억압이 무의식에 저장되어 신경증이 생긴다고 믿었다. 환자의 자유연상과 환자의 꿈을 살펴보는 '대화 치료talking cure'를 통해 무의식의 세계를 열고 억압의 기억을 끌어낼 수 있다고 했다.

프로이트는 인간의 의식을 세 가지로 분류했다. 그중에서 쾌락과 본능을 좇는 이기적이고 본능적인 자아를 이드id라고 불렀다. 그리고 자아ego는 의식으로, 이드와 초자아superego의 상반되는 요구에 대처해야 한다. 프로이트주의에서 초자아는 양심과 비슷하며 죄책감을 만든다.

또한 프로이트는 인간의 성이 사춘기 이후에 시작된다는

기존 믿음과 달리 유아기에 시작된다는 충격적인 견해를 내놓았다. 예를 들어 3세부터 6세까지의 남자아이는 무의식적으로 어머니에게 성적 욕구를 느끼고 경쟁 상대인 아버지를 죽이고 싶어 하는 오이디푸스콤플렉스를 겪는다. 프로이트는 아동기에 성이 억압당할 경우 성인이 되어 신경증을 겪거나 불행해질 수 있다고 보았다.

오늘날 과학자들은 프로이트의 이론이 검증할 수 없는 것이라고 비판한다. 프로이트의 주장대로 억압된 욕구가 행동을 자극하는지를 증명할 수 없으며, 그의 관점에 따른 의식의 존재 역시 마찬가지라는 것이다. 또한 정신분석가로서 환자를 성공적으로 치료한 것이 그의 이론 때문인지, 성격 때문인지도 알 수 없다고 말한다.

조건형성과 조건반사

　조건형성은 자극에 변화를 주어 행동을 바꿈으로써
결과적으로 반응이 바뀌는 과정이다. 러시아의 생리학자
이반 파블로프Ivan Pavlov는 고전적 조건형성의 선구자다.
그는 유명한 일련의 실험에서 개들이 음식을 보기만
해도 침을 흘린다는 사실을 발견했다. 먹이를 줄 때 종을
울린다거나 하는 체계적인 방법을 사용할 경우, 그 개는
음식이 없어도 종소리를 들으면 침을 흘린다.

　조건형성의 또 한 가지는 조작적 조건형성이다. 고전적
조건형성은 신경기관의 일부가 의식의 통제를 넘어서게
하는 것이라면, 조작적 조건형성은 벌이나 보상의 수단으로
자발적 행동을 바꾸려고 한다. 이를 강화라고 한다.
이러한 기법은 정신과 의사들의 혐오 요법에 활용되고
교육심리학자와 산업 심리학자들에 의해 사용되었다.
조건형성과 조건반사는 모두 행동주의자(p.364)들의 관심
영역이다.

행동주의

심리학의 한 분야인 행동주의는 20세기 전반에 심리학을 장악했다. 행동주의의 초기 지지자로는 미국의 심리학자 J. B. 왓슨J. B. Watson이 있다. 그는 이전에 널리 사용된 내성법이 지나치게 주관적이라며 거부했다. 그 대신 심리학이 과학에 포함되어야 한다면서 생각이나 관념, 감정 같은 내면 상태에 대한 추측을 삼가고 행동 관찰로만 제한할 것을 주장했다.

이를 위해 여러 국가의 행동주의자들이 실험실을 세우고 인간과 동물을 대상으로 실험을 하면서 다양한 형태의 행동, 특히 측정 가능한 행동을 연구했다. 그들의 연구는 자극을 주고 반응을 관찰한 후 결과를 통계적으로 분석하여 반응 및 결과와 관련 있는 법칙을 찾는 것으로만 제한되었다.

러시아의 생리학자 이반 파블로프는 개들을 이용한 유명한 실험으로 고전적 조건형성(p.362)의 원리를 확립했다. 미국에서는 행동주의자 B. F. 스키너B. F. Skinner가 자극과 반응을 이용한 방법론으로 조작적 조건형성의 원리를 내놓았다. 스키너는 '스키너의 상자'를 고안해 쥐나 비둘기 같은 동물에게 단순한 행동을 가르치는 방법을

표준화했고, 나아가 다양한 교육 보조 기구를 고안하여 인간
행동으로까지 관찰 영역을 넓혔다. 일부 정신과 의사는
조작적 조건형성의 원리를 활용해서 행동 장애 환자를
치료한다. 벌과 보상을 이용해 새로운 행동을 가르치고
해로운 행동은 제거한다.

　행동주의는 지나치게 결정론적이고 환원주의라는 비판을
받았다. 억지로 꾸민 조건에서 행동의 인위적인 측면만을
다룬다는 것이다. 행동주의는 의식적 선택 요인을 묵살하고
감정, 언어, 관계 같은 복잡한 현상을 다루지 못하는
것처럼 보인다. 동물의 행동에 관한 통찰을 제공하기는
했지만 인간에 관한 심리학에서는 인지적 접근법으로
대체되었다〔p.368〕.

진화심리학

진화심리학은 심리적 특징을 자연선택이나 성선택에 따른 적응으로 설명하려는 학문이다(p.196). 진화심리학자들은 인간의 행동은 신체적 특징과 마찬가지로 조상들이 대면했던 문제들에 대처하는 방식으로 진화해 왔다고 믿는다. 진화심리학은 문화의 역할을 중요하게 보지는 않지만 아예 외면하는 것도 아니다. 예를 들어 인간의 보편적 능력 중 하나인 언어 사용은 진화적 적응이라고 알려져 있지만, 특정 언어는 문화적 구조에 속한다. 진화심리학자들이 자주 드는 적응의 예시로는 이타주의, 혈연 인식, 협동, 남성의 공격성, 배우자 선택 등이 있다.

진화심리학의 가설들은 검증이 불가능하다는 비판을 받아왔다. 하지만 검증에 성공한 가설도 있다. 예를 들어 인간은 식량이나 포식자, 피난처 등 생존과 관련된 내용일수록 그와 관련이 없는 것보다 더 잘 기억한다.

인지 이론

'인지심리학'이라는 말은 미국의 심리학자 울리히 나이서Ulric Neisser가 1965년에 발표한 동명의 저서에서 나왔다. 인지심리학은 인지에 관심을 기울이는 학문으로서 감각 자극 분석에서 주관적 경험 정리에 이르기까지 지식을 습득하고 조직하고 활용하는 모든 심리적 과정을 포괄한다.

행동주의(p.364)가 그러했듯이 인지심리학 역시 내성법을 과학적 방식이 아니라는 이유로 거부한다. 하지만 인식, 기억, 사고, 언어, 문제 해결 같은 과정을 연구하고 내적 정신 상태의 존재를 인정한다는 점에서는 행동주의와 다르다. 내적 정신 상태를 수용하는 것에 대해 처음에는 경험적 증거가 부족하다고 비판받았지만, 나중에는 정신 상태가 생리적인 뇌의 상태와 관련 있다는 증거를 제공했다.

인지심리학의 기저에는 인간을 컴퓨터와 비슷한 '정보 처리 목적의 시스템'으로 보는 개념이 자리한다. 나이서는 인지에 대해 다음과 같이 말했다. "인지는 감각 입력의 변화, 감소, 정교화, 저장, 회복, 사용에 이르는 모든 과정을 포함한다. 그 과정이 이미지나 환각 같은 관련 자극의 부재 속에서 이루어질 때도 그렇다." 1960년대와 1970년대 인공지능〔p. 192〕의 발달은 인지심리학의 발달에 기여했고, 그 둘은 뇌와 신경 기관을 연구하는 신경과학과 함께 새로운 학문인 인지과학으로 자리 잡았다.

인지심리학은 많은 분야에 응용할 수 있다. 예를 들어 인지행동치료CBT는 인지 이론과 행동 이론을 모두 활용하는데, 특히 조작적 조건형성〔p. 362〕의 영향을 받는다. 인지행동치료는 '말로 하는 치료'인데, 과거에 집중해 증상의 원인을 찾으려고 하기보다는 지금 이 순간에 집중한다. 인지행동치료는 다목표 지향적이고 체계적인 절차를 사용해 역기능적인 감정과 행동, 인지를 살펴본다. 만성 우울증, 폭식증, 강박 장애, 외상 후 스트레스 장애 등 다양한 증상에서 그 효과가 증명되었다.

심리 측정

심리 측정은 지능, 지식, 능력, 태도, 성격 특성 같은 현상을 측정하는 심리학의 한 분야다. 19세기의 영국 과학자 프랜시스 골턴Francis Galton이 유전 연구에서 체계적인 정신검사를 처음 시도했다. 그 후 표준 IQ 검사〔p.356〕를 이용해 지능을 측정하려는 많은 노력이 있었다. 지능검사는 문화적 편향이라는 비난에도 교육과 직업 선택에 광범위하게 사용되었다.

근래에는 기업의 인적자원 부서에서 직원을 채용하면서 신원 조사를 할 때 심리 측정 검사를 사용하는 경우가 늘고 있다. 적성과 태도, 성격 유형을 알아보려는 이러한 검사는 주로 다양한 상황에 어떻게 반응할지를 묻는 기다란 선다형 질문지 형식이다. 심리 측정 검사에 찬성하는 이들은 후보자가 해당 직장에 적합한지 정확하게 판단할 수 있다고 주장하지만, 과학적 토대가 부족하다는 반대 입장도 있다.

스위스의 정신학자 헤르만 로르샤흐Hermann Rorschach가 발표한 심리 측정 검사.
로르샤흐 검사에서는 잉크 자국 같은 임의의 패턴이 그려진 카드 몇 장을 보여 주고
어떤 모양으로 보이는지 묻는다. 피험자의 답이 그의 인성에 대한 단서를 제공하는
검사다.

예술

　예술은 시각적 예술뿐 아니라 문학, 음악, 무용, 영화 등도 포함한다. 그렇다면 이렇게 다양한 행위를 이어 주는 연결 고리는 무엇일까? 예술은 필수적인 것이 아니라 단지 오락이나 기분을 좋게 해 주는 기능을 할 뿐일까?

　모든 예술에는 형식 구조가 포함된다. 회화에서의 사물 배치나 영화의 장면 순서, 시의 운율, 교향곡의 주제 패턴까지, 이러한 형식 구조는 일종의 언어를 나타낸다. 이는 예술가와 관객 모두에게 익숙한 관행이며, 예술가는 그 관행의 틀 안에서 관객의 감각을 움직이고 정서와 지성을 자극하고자 할 것이다.

　예술가들은 오랫동안 뛰어난 기술을 지닌 장인 정도로만 여겨졌다. 그들이 만드는 작품 역시 주로 기능 측면에서 가치를 매겼다. 고대 그리스에서는 아름다움의 창조 자체를 소중하게 여겼지만, 중세 유럽에서는 예술이 종교적 목적을 수행했다. 성가정(Holy Family, 아기 예수, 성모마리아, 성요셉으로 이루어진 거룩한 가정. 옮긴이)과 성자들을 그린 그림의 초점은 독실한 신앙이고, 음악은 가톨릭교회에서 행하는 의식과 관련된 기능을 수행했으며, 가장 멋진 건물은 바로 대성당이었다.

예술이 인간의 특별하고도 개별적인 활동이라는 의식은 르네상스 시대에 다시 나타나 낭만주의 운동(p.386)으로 확고하게 굳어졌다. 낭만주의는 예술가의 특별한 역할을 강조했다. 사회와 동떨어진 외로운 존재로 영감과 천부적 재능, 투쟁을 통하여 인류에 변화를 가져다줄 작품을 만드는 사람이라는 것이다.

오늘날에도 우리는 여전히 예술 작품에 감동을 받는다. 그렇지만 예술가에 대해서는 활동 시기와 계급, 문화의 산물이고 예술에 가치관이 구현되어 있다고 보는 편이다. 예술가가 고결한 존재를 경험하게 해 주는 신적인 존재라는 인식은 사라졌다.

미메시스

고대 그리스어 '미메시스mimesis'는 재현이나 모방 등 여러 의미로 해석될 수 있는데, 예술이 '자연을 거울에 비추는' 과정임을 나타내는 말이기도 하다. 아리스토텔레스(p.16)는 미메시스라는 말을 사용하면서 예술이 자연을 더욱 좋게 만들어 준다고 했다. 예술이 우연과 사소함으로 가득한 실세계로부터 가장 중요한 물질을 선택하고 구성함으로써 고귀한 진리를 찾을 수 있게 해 주는 기능을 한다는 것이다.

그렇다면 예술은 '진리'일까? 그림은 그것이 나타내는 것 자체가 아니다. 소설은 정의상 '허구'다. 모든 예술을 '거짓'으로 봐야 할까? 그렇다면 철학에서 말하는 범주의 오류(p.90)가 될 것이다. 우리는 언어, 종교적 믿음, 과학적 방식 등 온갖 정신적 구성물을 통해 세상을 바라보고 해석한다. 예술은 그런 관점의 하나일 뿐이다. 하지만 좀 더 분명하게 바라보게 해 준다.

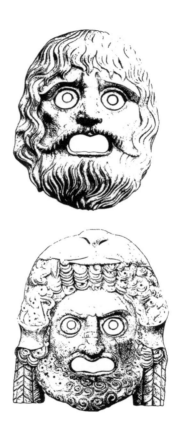

심상

심상心象은 문학뿐 아니라 시각예술의 주요 구성 요소다.
시각예술에서 심상은 사물을 묘사하는 형태를 띠는 반면,
문학에서는 작가가 언어를 통해 머릿속에 그림이 그려지게
하거나 소리나 냄새 같은 감각 경험을 일으키기도 한다.
심상을 이용해 한 장면을 구상하거나 익숙한 것에 대한
새로운 관점을 제공할 수도 있다.

문학에서 심상과 관계된 가장 기본적인 수사적 장치는
직유법과 은유법이다. 직유법은 비슷한 두 사물을 연결어로
결합하여 비유하는 수사법이다. '내 사랑은 붉디붉은 장미와
같다'를 예로 들 수 있다. 은유법은 표현하고자 하는 대상을
다른 대상으로 표현하는 수사법으로, 이를테면 '가라,
사랑스러운 장미여!'가 있다. 직유와 은유는 표현 대상을
다른 사물과 연상시켜서 인식을 강화하거나 새롭게 하거나
복잡하게 하는 효과가 있다.

문학적 관행이 된 심상도 있다. 예를 들어 호메로스의
대서사시에서 바다는 언제나 '와인빛 바다'로 표현되고
새벽은 '장밋빛 손가락'으로 표현된다. 한편 영어권 시에서

바다는 '고래의 길', 강은 '백조의 길'로 표현되는 경우가
많다.

중세와 르네상스의 문학과 회화에도 종교적이든 그렇지
않든 표준이 되는 심상이 가득해서 관객이 쉽게 이해할 수
있다. 예를 들어 성령은 하얀 비둘기로 표현되고 펠리컨은
부모의 희생적인 헌신(펠리컨이 새끼에게 줄 먹이가 없을 때는 제
가슴살을 뜯어 피를 준다고 해서)을 상징하며, 독수리는 제국주의
권력을 상징한다.

창조적 예술가는 기존의 심상을 여러모로 활용한다. 또한
예술적 관행에 따르는 기대를 뒤집는 것도 좋아한다. 따라서
독자는 "내 그대를 여름날에 비할 수 있으리까?"로 시작하는
윌리엄 셰익스피어의 「소네트 18번」을 읽자마자, 사랑하는
사람이 여름과 같지 않을 뿐만 아니라 그보다 훨씬 좋은
존재임을 알고 놀라게 된다. 또한 「소네트 130번」의 첫 구절
"내 애인의 눈은 조금도 태양 같지 않아라"를 읽으면 상투적
문구라는 느낌은 사라지고 완전히 새롭게 여겨질 것이다.

알레고리

알레고리는 문학이나 시각예술의 한 부분으로 특징이나 물체, 장소 등의 요소가 다른 것을 체계적으로 상징한다. 그렇게 해서 단순한 이야기나 그림에 추가적 의미를 담는다.

알레고리는 주로 추상의 의인화를 통해 이루어진다. 예를 들어 아그놀로 브론치노Agnolo Bronzino의 그림 〈비너스와 큐피드가 있는 알레고리An Allegory of Venus and Cupid〉(1545년경)에는 여러 명의 인물이 등장하는데 각각 어리석음과 기만, 질투, 시간을 상징한다고 알려져 있다(그림). 이보다 논란이 덜한 알레고리로는 존 버니언John Bunyan의 『천로역정』(1678)이 있다. 이 작품에서는 주인공 크리스천이 파괴의 도시City of Destruction에서 허영의 시장Vanity Fair, 절망의 구렁텅이Slough of Despond를 지나 목적지인 성지Celestial City에 도착하는 여정을 그린다. 현대의 유명한 알레고리로는 조지 오웰의 『동물농장』(1945)이 있다. 나폴레옹이라는 이름의 돼지를 등장시켜 스탈린에 의해 러시아의 혁명적 이상이 파괴된 모습을 비판하고 있다.

소설

소설은 약 300년 동안 가장 대표적인 문학 양식이었다. 그 전에는 시, 그중에서도 특히 서사시가 주를 이루었다. 호메로스의 『일리아드Iliad』나 베르길리우스의 『아이네이스Aeneid』, 밀턴의 『실낙원』 같은 서사시는 주로 신화나 성서에서 가져온 장대한 주제를 다루고 신과 영웅이 등장한다. 반면 소설은 대부분 누구나 아는 일상 세계를 다루며, 비록 허구이지만 독자와 비슷한 삶을 살아가는 인물들이 등장한다.

산문 픽션prose fiction은 고대에도 존재했다. 로마 작가 페트로니우스Petronius의 『사티리콘Satyricon』을 예로 들 수 있다. 중세와 르네상스 시대에는 산문, 우화, 로맨스가 소수 집단에서 유행했다. 에스파냐의 작가 세르반테스는 최초의 진짜 소설이라고 인정받는 『돈키호테』(1605, 1615)에서 곤경에 빠진 처녀와 기사도 정신을 발휘하는 기사의 이야기를 통해 로맨스에서 두드러지는 가식과 환상을 풍자했다. 기사가 되겠다는 환상에 빠진 늙은 돈키호테와 그가 살아가는 근대적인 세상의 현실이 긴장감을 빚어 상당한 애수를 자아낸다.

　18세기 들어 글을 읽고 쓸 줄 아는 사람들이 크게 늘어나면서 소설의 인기가 높아졌다. 작가들도 다양한 기법과 방식을 도입했다. 대니얼 디포Daniel Defoe는 『로빈슨 크루소』(1719)에서 1인칭 화자를 내세워 자서전처럼 읽히는 방식으로 신빙성이 느껴지게 했다. 그런가 하면 편지 형식으로 이야기를 전개하는 서간체 소설도 등장했다. 새뮤얼 리처드슨Samuel Richardson의 『클래리사 할로』가 대표적이다.

　고딕풍 공포 소설에서 역사 로맨스까지 다양한 장르가 등장했는데 19세기 소설에서는 사실주의〔p.388〕성향이 두드러져 현대사회의 단면을 보여 주는 한편 개인의 성격 변화와 복잡한 줄거리에 주의를 기울였다. 20세기 초반에 모더니즘〔p.396〕이 등장하면서 소설의 관행이 상당 부분 무너졌지만, 그 열띤 실험 정신은 일시적인 현상으로 그쳤다.

바로크

　바로크라는 말은 17세기와 18세기 초 유럽에서
지배적이었던 예술과 건축 양식을 가리키는 말로 훗날
평론가들이 붙인 이름이다. 이는 거칠거나 완전하지 않은
모양의 진주를 뜻하는 포르투갈어 '바로쿠barroco'에서
유래했다. 차분함과 균형이 돋보이는 르네상스 예술과
대조되는 비대칭, 장식, 명암법chiaroscuro, 화려한 스타일을
가리켜 경멸하는 의미에서 붙인 이름이었다. 바로크양식은
반종교개혁의 주요 수단이었고 개신교의 전파에 대한
가톨릭교회의 격렬한 반응이었다. 그들은 베르니니Bernini의
조각, 카라바조Caravaggio와 루벤스Rubens의 그림 등을 통해
힘과 강렬한 감정을 전달하고자 했다.
　바로크양식은 같은 시대에 음악에도 적용되었는데 화려한
스타일이 공통점이다. 대표적인 작곡가로는 클라우디오
몬테베르디Claudio Monteverdi, 비발디, J. S. 바흐 등이 있다.

고전주의

고전주의는 고대 그리스의 미학적 가치를 영속화하려는 예술에서 광범위하게 나타나는 경향이다. 고대 그리스의 미학적 가치는 균형과 비율, 이성, 조화에서 찾을 수 있는데 이는 이상적인 아름다움과 평정을 구현하는 데 사용된 특징이다.

가장 오랜 영향력을 자랑하는 고대 그리스의 시각예술은 건축과 조각이다. 그리스 건축은 원, 사각형, 삼각형, 직사각형 등 기하학적 모양을 토대로 한다. 그리스 건축의 주요 양식인 도리스식, 이오니아식, 코린트식(기둥의 맨 윗부분 장식을 볼 때 가장 잘 구별된다)은 후대 건축가들의 디자인에 큰 영향을 끼쳤다. 그리스의 조각은 개인의 특색이나 결점을 표현하기보다는 인간의 얼굴과 형체를 이상화하려고 했다. 플라톤의 형상 이론(p.14)을 반영한 것이다.

로마는 그리스의 예술에서 광범위한 요소를 빌렸지만 5세기 로마 멸망 이후 고대 그리스의 가치는 1천 년 동안 그림자에 머물렀다. 그러다 르네상스 시대에 예술가와 건축가들이 로마와 그리스 양식을 열정적으로 포용하면서 부활을 맞이했다. 특히 건축 분야에서 고대 그리스 양식은 여전히 엄청난 영향을 끼치고 있다.

문학에서도 고대 그리스와 로마의 모형이 르네상스 시대에 부활했다. 비평가들이 아리스토텔레스의 비극에 관한 저술을 바탕으로 사건, 장소, 시간이라는 삼일치법칙three unities을 발전시켰다. 이러한 법칙을 17세기 프랑스 극작가 라신Jean Racine과 코르네유Pierre Corneille가 면밀하게 관찰했다. 그러나 그보다 훨씬 훌륭한 극작가인 윌리엄 셰익스피어는 그러한 법칙에 전혀 관심을 기울이지 않았고, 그 때문에 그는 미개인이라는 비난을 받아야 했다.

음악에서 고전주의 시대는 1770년경부터 1820년까지로 하이든과 모차르트, 베토벤의 시대다. 고대 그리스 작품에 큰 영향을 받지는 않았지만 균형 잡힌 구조와 조화로운 화음이 확실히 고전주의 분위기를 풍긴다.

낭만주의

18세기 후반에 유럽과 미국을 휩쓴 낭만주의 운동은 고전주의의 반대로 해석된다. 낭만주의는 고전주의(p.384)에서 중요시하는 차분함과 이성의 가치를 거부하고 투쟁과 열정을 선호했다. 따라서 낭만주의 예술가는 질서 정연한 사회의 기둥이 아닌 세상과 반목하는 외롭고 영감 넘치는 천재가 되었다. 이제 아름다움은 잘 정돈된 경관이 아니라 거센 폭풍우와 황무지에 자리하게 됐다.

낭만주의가 처음 시작된 것은 질풍노도라는 뜻의 '슈투름 운트 드랑Sturm und Drang'이라 불리는 독일의 문학 운동을 통해서였다. 괴테와 실러Friedrich von Schiller 등이 독일에서 선두에 섰고 워즈워스, 셸리, 빅토르 위고Victor Hugo, 알렉산드르 푸시킨Aleksandr Serggvich Pushkin 등 다른 나라의 문인들까지 뒤따랐다. 낭만주의 정신은 칸트나 헤겔(p.63) 같은 관념론 철학자, 터너Joseph Mallord William Turner에서 차이콥스키에 이르는 화가와 작곡가 들에게까지 영향을 끼쳤다.

독일 낭만주의의 대표적인 화가 카스파르 프리드리히Caspar David Friedrich의
1818년 작 〈안개 바다 위의 방랑자Wanderer Above the Sea of Fog〉.

사실주의와 자연주의

　문학과 시각예술에서 사실주의는 이상적이거나 상상의 세계가 아닌, 있는 그대로의 세계를 묘사하는 방식을 말한다. 사실주의는 특히 낭만주의 이후에 두드러지는 경향을 보인다. 이들은 18세기 문학과 미술의 감상주의와 이상화를 거부하는 한편, 낭만주의의 한 특징인 웅장하고 영웅적인 주제에 대한 집착과 주관성, 과장된 감정 표현을 거부한다.

　'사실주의'라는 말은 1830년대에 프랑스에서 소설가 발자크와 스탕달을 언급할 때 처음 사용되었다. 발자크는 1835년부터 훌륭한 소설과 단편을 발표하기 시작했는데 그것들을 전부 모아 '인간 희극The Human Comedy'이라고 했다. 그의 작품은 플로베르, 모파상, 투르게네프Ivan Sergeevich Turgenev, 톨스토이, 체호프, 디킨스, 트롤로프Anthony Trollope, 조지 엘리엇George Eliot 등에게 영향을 끼쳤다.

　미술 분야의 사실주의도 프랑스에서 유래했다. 쿠르베Gustave Courbet의 〈돌 깨는 사람들The Stonebreakers〉(1850), 마네Edouard Manet의 〈풀밭 위의 오찬Le Dejeuner sur l'herbe〉(1863) 등 당대의 생활 모습을 있는 그대로 표현한 작품들은 대중을

충격에 빠뜨렸다. 코로Jean Baptiste Camille Corot 나 테오도르
루소Théodore Rousseau 같은 화가들이 작업실이 아닌 야외에서
풍경화를 그리기 시작한 것 역시 논란을 일으켰다.

　19세기 말로 가면서 문학의 새로운 접근법으로 자연주의가
등장했다. 프랑스의 에밀 졸라, 러시아의 고리키Maksim Gorikii,
미국의 드라이저Theodore Dreiser 같은 자연주의 소설가들은
작품에 '과학적인' 사회적 관찰을 포함시켰고 사회 환경이
인간의 행동에 어떤 영향을 끼치며 어떤 식으로 사회 개혁이
이루어질 수 있는지에 집중했다.

인상주의

인상주의는 1860년대에 프랑스에서 유래된 미술 운동이다. 이 이름은 클로드 모네의 작품 〈인상: 일출Impression: Sunrise〉에서 비롯되었다. 인상파 화가로는 르누아르, 마네, 피사로Camille Pissarro, 메리 카사트Mary Cassatt, 시슬레Alfred Sisley, 쇠라Georges Pierre Seurat, 시냐크Paul Signac 등이 있다. 세잔, 고갱, 고흐 등은 후기인상파로 분류된다. 이들도 사실주의자들처럼 당대의 생활 모습을 담아냈고 야외 풍경을 그렸다.

인상주의는 수많은 혁신을 일으키기도 했다. 그들은 빛과 움직임의 순간적인 '인상'을 담아내려고 했다. 이를 위해 명료한 윤곽을 거부하고 독특한 원근법을 채택했으며 서로 다른 색과 질감을 나란히 배치해서 어떤 효과가 나타날 수 있는지 실험적 붓놀림을 구사했다. 고흐는 표현주의, 세잔은 입체파, 모네는 추상표현주의에 영향을 끼쳤다.

고흐의 1889년 작 〈별이 빛나는 밤The Starry Night〉.

상징주의

일반적으로 상징symbol과 신호sign를 구분하는데 둘은
모두 심상(p.376)의 형태로 미술과 문학에 사용된다.
알레고리(p.378)와 우화는 일반적으로 신호체계인데 신호를
보내는 사람과 받는 사람의 일대일 관계에서 이루어진다.
이는 하나의 언어를 다른 언어로 옮기는 것과 비슷하다.
예컨대 '큐피드'는 '사랑'을, '여우 씨Mr. Fox'는 교활함을
나타낸다.

상징은 사전적 의미와 함축적 의미가 합쳐져 간단명료하지
않을 때도 있다. 함축적 의미는 단어와 표현, 물체나 그림이
연상이나 발상을 일으키는 과정이다.

예를 들어 허먼 멜빌의『백경』에 나오는 주인공은 단순히
거대한 흰 고래가 아니다. 이야기가 전개될수록 그 고래는
수많은 상징적 역할을 한다. 악의 전형, 인간이 파괴하고자
하는 신, 길들지 않는 타자성, 우주의 무심함, 인간의 야망의
대상 또는 존재하지 않는 의미를 찾으려는 어리석음을
나타내기도 한다.

따라서 흰 고래 같은 상징은 작품에 풍부함을 더하지만

신비에 가까울 정도의 모호성을 지니기도 한다. 이는 19세기 후반 사실주의〔p.388〕에 대한 반발의 일부로 프랑스에서 일어난 상징주의 운동에 겨눠진 비판이기도 하다. 폴 베를렌Paul Verlaine이나 스테판 말라르메 같은 상징파 시인들은 언어의 음악적이고 연상적인 특징을 파헤쳐서 물질세계와 정신세계의 경계에서 희미하게 빛나는 덧없는 감정과 존재의 불확실함을 표현했다.

그림에서도 오딜롱 르동Odilon Redon과 귀스타브 모로Gustav Moreau를 중심으로 상징주의 운동이 일어났다. 그런데 그보다는 상징파 시인들이 T. S. 엘리엇, 에즈라 파운드, 예이츠, 제임스 조이스, 릴케 같은 모더니즘 작가들에게 끼친 영향에 더 큰 의미가 있다.

유미주의

1818년에 프랑스의 철학자 빅토르 쿠쟁Victor Cousin은
파리의 소르본 대학교에서 열린 강의에서 이렇게 말했다.
"종교는 종교를 위해, 도덕은 도덕을 위해 있어야 하듯
예술은 예술을 위해 있어야 한다. 아름다움은 유용성이나
선, 신성함의 기준이 될 수 없다. 미는 오로지 미로 이어져야
한다."

그 후 '예술을 위한 예술'이라는 표현은 유미주의唯美主義의
표어가 되었다. 유미주의는 19세기에 두드러진 성향으로
예술이 예술 자체가 아닌 다른 목적을 수행해야 한다는
생각에 반대하고, 예술가는 순수예술을 추구해야 한다고
했다. 상징주의와 라파엘전파Pre-Raphaelites, 미학 운동 등
다양한 집단이 유미주의를 받아들였다. 가장 대표적인
유미주의 지지자는 오스카 와일드로 "선한 것보다는
아름다운 것이 낫다"라는 유명한 말을 남겼다. 유미주의의
엘리트주의와 꾸밈, 초도덕성을 강조하는 이런 말들은
아이러니하게도 예술 자체의 진지함을 약화시키는 결과를
가져왔다.

영국의 삽화가 오브리 비어즐리
Aubrey Beardsley 의 작품.
오스카 와일드의 희곡
「살로메Salome」(1896)의
한 장면이다.

모더니즘과 포스트모더니즘

　모더니즘은 20세기의 거대한 예술 프로젝트였다. 모더니즘의 목표는 개인과 세상에 대한 인식과 생각을 바꾸는 매우 진지한 것이었다. 이를 위해 오랜 관행을 깨뜨리고 완전히 새로운 출발점을 마련했다. 이렇게 '제로 지점'에서 대담한 혁신가들이 예술과 현실의 새로운 개념으로 다양한 실험을 했다. 결과적으로 모더니스트들이 내놓은 새로운 예술은 대부분 의도적으로 '난해한' 경향을 띤다.

　모더니스트의 야심 찬 목표는 예술계 전체를 흔들었다. 음악 분야에서는 쇤베르크Arnold Schonberg, 스트라빈스키Igor Stravinsk, 버르토크Bela Bartok 같은 작곡가들이 기존의 조성調性을 버렸고 새로운 특징과 리듬, 구조를 실험했다. 한편 시각예술 분야에서는 캔버스에 '세상의 창문'을 표현한다는 생각이 입체파〔p.402〕의 다각적인 관점, 형식주의의 추상적 가치〔p.400〕, 표현주의의 정서적 강렬함〔p.398〕, 초현실주의의 무의식 탐구〔p.404〕에 자리를 내주었다.

　문학에서는 상징주의〔p.392〕에 의해 시작된 통사론과 주제,

관점의 분열이 더욱 극단적인 형태로 발전했다. 예를 들어 T. S. 엘리엇의 시 「황무지」(1922)에서는 장면과 목소리, 심상의 콜라주가 제1차 세계대전이 남긴 물리적, 도덕적, 정신적 폐허에 해당하는 시적 표현을 만든다. 제임스 조이스의 소설 『율리시스』(1922)도 혁신적이다. 선형적 서사를 다수의 관점으로 바꾸었고 끊이지 않는 '의식의 흐름'을 통해 인물들의 즉각적인 사고와 감각을 표현한다.

20세기 말에 평론가들은 모더니즘이 확립한 새로운 관행을 이용하는 작품들에 '포스트모던'이라는 형용사를 붙였다. 블라디미르 나보코프Vladimir Nabokov, 커트 보니것Kurt Vonnegut, 호르헤 루이스 보르헤스Jorge Luis Borges 등의 작품에서 보듯 포스트모던 작품에는 모더니즘의 영웅적인 야망 대신 자기 지시적이고 때로는 유쾌한 방식이 자리했다. 여기서는 다 안다는 듯한 모순적인 자기 인식이 엿보이기도 했다.

표현주의

1907년에 에드바르 뭉크는 "예술 작품은 오로지 인간의 내면에서 나온다"라고 했다. 이 말은 표현주의의 표어라고 할 수 있다. 표현주의의 특징은 대담함, 왜곡, 과장이라고 할 수 있다. 화가 오스카어 코코슈카Oskar Kokoschka는 이를 가리켜 "영혼을 표현하는 이미지"라고 했다.

표현주의는 특히 독일과 오스트리아에서 활발하게 나타났고 제1차 세계대전 후에는 더욱 어두운 분위기를 띠게 되었다. 막스 베크만Max Beckmann의 악몽 그림이나 조지 그로스George Grosz의 맹렬한 풍자 작품 등에서 알 수 있다.

또한 표현주의는 다른 예술과도 융합되었다. 이를테면 쇤베르크의 초기 음악, 스트린드베리August Strindberg와 베데킨트Frank Wedekind의 희곡, 독일의 무성영화 등이다. 영화 〈칼리가리 박사의 밀실The Cabinet of Dr. Caligari〉(사진)이 대표적인데 정신없는 카메라 각도, 빛과 명암의 강렬한 대비, 고조된 감정과 광기 등 표현주의의 전형적인 특징을 보였다.

추상

　19세기에 사진술이 발명되면서 '자연을 거울에 비춘 것처럼' 정확한 표상으로서의 그림이 필요하지 않게 되었다. 일부 예술가는 표현주의(p.398)로 기울었고 형식의 실험에 빠진 이들도 있었다. 후자 중에는 입체파(p.402)와 같이 물체의 겉모습을 단순한 형태로 표현하려는 움직임도 나타났다. 결과적으로 추상적인 작품이 탄생했다. 모든 표상을 거부하고 기하학 모양에서 임의적인 붓놀림, 물감 뿌리기 등 비표상적인 형태로 예술 작품을 구축하는 진정한 의미의 추상이었다.

　진정한 추상화라고 부를 만한 최초의 작품은 1910년에서 1911년경 러시아의 화가 바실리 칸딘스키Wassily Kandinsky가 바바리아에서 그린 것이다. 칸딘스키는 1912년에 이렇게 적었다. "그림에서 선이 사물을 사물로 명시하거나 기능을 다해야 한다는 목적에서 자유로워진다면 부차적인 역할에 의해 그 내면의 울림이 약화되지 않고 내면의 완전한 강인함을 얻을 수 있다." 그는 예술 중에서도 가장 모호한 음악과 추상화 사이에 유사점을 이끌어 내고 예술의 정신적인 영역을 강조했다.

네덜란드 화가 피트 몬드리안Piet Mondrian 의 그림은 하얀색 배경에 검은색 좌표선이 있고, 원색으로 된 정사각형이나 직사각형이 한두 개 보인다. 그 역시 칸딘스키와 비슷한 관점을 택했다. 그는 1937년에 "추상예술은 인간이 가진 원시적이고 동물적인 본성과는 상반되지만 인간의 진정한 본성과는 일치한다"라고 했다.

몬드리안 같은 화가들은 단순한 기하학적 추상화를 그렸다. 반면 제2차 세계대전 이후에 미국에서 등장한 추상화는 더욱 임의적이고 느슨하고 영웅적인 주제를 표현했는데, 이를 추상표현주의라고 한다. 잭슨 폴록Jackson Pollock 을 비롯한 추상표현주의 화가들은 캔버스에 물감을 뿌려 즉흥적인 작품을 만들어 내는 액션페인팅 기법을 고안했다. 기하학적 추상과 자유 추상은 모두 유행이 되다 말다를 반복하면서 꾸준히 현대미술에 큰 영향을 끼치고 있다.

입체파

후기인상파 화가 폴 세잔은 자연의 물체와 풍경 안에 자리하는 구조를 이끌어 내고자 했다. 그는 1904년에 "자연의 모든 형태는 원기둥과 구, 원뿔에서 비롯된다"라고 주장했다. 인상파의 심미적인 표면을 거부하고 고전적인 관점으로 형태를 바라보는 세잔의 방식은 에스파냐 출신의 젊은 화가 파블로 피카소에게 큰 영향을 끼쳤다. 피카소는 1907년경에 프랑스의 화가 조르주 브라크Georges Braque 와 함께 입체파를 창시하고 발전시켰다.

입체파는 정물화를 가지고 많은 실험을 했다. 형태에 집중하기 위해 색을 제한하고 빛의 효과를 무시했다. 단일한 관점과 착시화를 중요시하는 전통적 시각에서 다양한 관점으로 바뀌었다. 다양한 각도에서 사물을 표현하고 중복 또는 상호 맞물리는 요소를 합쳤다. 이처럼 2차원에서 부피감과 견고함을 표현하는 입체파의 새로운 기법은 20세기 회화에 지속적인 영향을 끼쳤다.

초현실주의

지크문트 프로이트(p.360)의 이론은 미술가와 작가들에게도 완전히 새로운 세상을 열어 주었다. 이전의 금기, 특히 성에 대한 토론 금지라는 금기를 깨고 인간 본성의 비합리성을 인정하는 것은 대단히 자유로운 경험이었다. 또한 전통적이고 보수적인 가치를 타파하는 가능성을 가졌다는 면에서 혁명이기도 했다. 1920년대와 1930년대의 초현실주의 화가와 극작가, 시인은 부르주아의 관행을 전복하는 움직임에 앞장섰다.

현대 예술의 인습 타파적 성향은 새로운 것이 아니었다. 제1차 세계대전 이전에 이탈리아의 미래파는 기존 미술을 거부하고 자동차야말로 미의 전형이라고 했다. 전쟁 중에 일어난 다다이즘 운동도 마찬가지로 기존의 미학적 가치를 포기했다. 다다이즘의 대표적인 미술가로는 마르셀 뒤샹이 있다. 그는 〈샘Fountain〉(1917)이라는 제목을 붙인 남자용 소변기를 미술관에 전시한 것으로 유명하다.

초현실주의는 다다이즘에 직접적인 영향을 받아 1922년에 등장했다. 초현실주의의 주창자인 앙드레 브르통Andre Breton은

"순수 상태의 심리적 자동운동으로, 사고의 실제 작용을 때로는 말로, 때로는 글로, 때로는 여타의 모든 수단으로 표현하기를 꾀하는 방법이다. 이성이 행사하는 모든 통제가 부재하는 가운데 미학적이거나 도덕적인 모든 배려에서 벗어난, 사고의 받아쓰기를 말한다"라고 했다. 브르통은 초현실주의를 공산주의와 연계했지만 공산당의 호응을 얻지는 못했다.

브르통의 관점에 영향을 받아 초현실주의 문학은 자동적인 글쓰기를 기초로 삼았다. 머릿속에 떠오르는 대로 휘갈겨 쓰는 것이다. 일부 초현실주의 화가들도 비슷한 방법을 따르거나 임의로 '발견된' 오브제를 합쳐서 작품을 만들었다. 예를 들어 막스 에른스트Max Ernst의 프로타주 기법, 앙드레 마송Andre Masson의 자유 잉크화 기법 등이 있다. 또한 살바도르 달리와 르네 마그리트는 사물을 기이하게 병치해 몽환적 세계를 창조했다.

구조주의와 후기구조주의

구조주의는 1950년대에 언어학에서 시작되어 미술, 인류학, 심리학 전반에 퍼진 비판적 분석법이다. 모든 문화 현상이 언어적 및 비언어적 신호체계로 이루어진다는 견해를 보인다. 신호만으로는 아무런 의미가 없다. 자연과 문화, 여성과 남성, 적극성과 소극성 등 서로 대조되는 한 쌍의 관계에서 의미가 나온다. 예를 들어 프랑스의 사상가 롤랑 바르트Roland Barthes는 레슬링 선수는 영웅과 악당의 대립을 보여 준다고 했다. 이러한 체계가 '언어'를 이루며, 인간의 정신은 언어의 창조자이기보다는 언어에 의해 좌우되는 존재다.

구조주의자는 언어의 과학적 연구가 가능하다는 입장인 반면, 후기구조주의자는 언어가 불안정하고 모호하며 의미 또한 일시적이라고 생각한다. 그들은 철학과 과학 활동이 설명을 하는 데 유효하다는 점에 회의적인 입장을 보인다. 철학과 과학도 언어이기 때문에 그 분야에서 다루는 주제만큼이나 모호하다는 것이다.

프랑스의 문학평론가이자 철학자인 롤랑 바르트는 『신화론Mythologies』(1957)에서
레슬링 경기를 비롯해 다양한 현상의 문화적 언어를 분석했다. 그는 레슬링 경기가
고대 그리스의 연극과 같다고 했다.

찾아보기

All pictures are believed to be in the public domain except:

17: Mary Evans Picture Library / 25: tanikewak/Shutterstock / 29: Frame: homydesign/Shutterstock / 41: Gl0ck/ Shutterstock / 43: Katrina Brown/ Shutterstock / 47: Doug Lemke/ Shutterstock / 63: Rafael Ramirez Lee/ Shutterstock / 75: Tim Brown / 87: Tim Brown / 91: Tim Brown / 103: Frame: homydesign/Shutterstock / 107: Frame: homydesign/Shutterstock / 111: NY Daily News via Getty Images / 115: Mary Evans Picture Library / 119: INTERFOTO/ Sammlung Rauch/Mary Evans / 123: Tim Brown / 127: myVector/Shutterstock / 141: Dino/Shutterstock / 153: Mary Evans Picture Library/ARTHUR RACKHAM; Frame: homydesign/Shutterstock / 171: Lasse Kristensen/Shutterstock / 175: Patrick Nugent / 179: Tim Brown / 182, 183: Patrick Nugent / 187: Tim Brown / 195: Patrick Nugent / 199: Patrick Nugent / 214, 215: Solid/Shutterstock / 219: Brandon Bourdages/Shutterstock / 223: William James Warren/Science Faction/Corbis / 227: Sebastian Kaulitzki/Shutterstock / 235: Deutsches Bundesarchiv / 239: Brendan Howard/Shutterstock / 243: GUY REYNOLDS/Staff Photographer/ Dallas Morning News/Corbis / 251: Hulton Deutsch Collection/Corbis / 263:

Chris Whitehead/Getty Images / 267: Galushko Sergey/Shutterstock / 275: Christopher Jones/Shutterstock / 283: Mikhail Zahranichny/Shutterstock / 287: Hulton-Deutsch Collection/CORBIS / 291: stocksnapp/Shutterstock / 299: Rob Wilson/Shutterstock / 303: Burstein Collection/CORBIS / 307: Mary Evans Picture Library; Frame: homydesign/ Shutterstock / 313: Apple's Eye Studio/ Shutterstock / 317: 1000 Words/ Shutterstock / 321: Zurijeta/Shutterstock / 337: E.G. Pors/Shutterstock / 343: Neale Cousland/Shutterstock / 347: www.flickr. com/people/haabet/ / 355: Mary Evans Picture Library/Imagno / 365: Getty Images / 377: Bell: Bettmann/CORBIS / 391: Shpilko Dmitriy/Shutterstock / 395: Frame: homydesign/Shutterstock / 403: Frame: homydesign/Shutterstock / 419: Roger-Viollet/TopFoto.

옮긴이 **정지현**

스무 살 때 남동생의 부탁으로 두툼한 신시사이저 사용 설명서를 번역해 준 것을
계기로 번역의 매력과 재미에 빠졌다. 대학 졸업 후 출판 번역 에이전시 베네트랜스
전속 번역가로 활동 중이며 현재 미국에 거주하면서 책을 번역한다. 『위너스』,『뉴욕
미스터리』,『한 장의 지식: 세계사』 등 다수의 책을 옮겼다.

| 한장의 지식 | **빅 아이디어**

1판 1쇄 인쇄 2016년 12월 30일
1판 1쇄 발행 2017년 1월 12일

지은이 이언 크로프턴
옮긴이 정지현
펴낸이 김영곤
펴낸곳 아르테

미디어사업본부 이사 신우섭
책임편집 신원제 인문교양팀 장미희 디자인 박대성 교정 송경희
영업 권장규 오서영 프로모션 김한성 최성환 김선영 정지은

출판등록 2000년 5월 6일 제406-2003-061호
주소 (10881) 경기도 파주시 회동길 201(문발동)
대표전화 031-955-2100 팩스 031-955-2151 이메일 book21@book21.co.kr

ISBN 978-89-509-6863-2 03100
아르테는 (주)북이십일의 문학 브랜드입니다.

(주)북이십일 경계를 허무는 콘텐츠 리더

아르테 채널에서 도서 정보와 다양한 영상자료, 이벤트를 만나세요!
가수 요조, 김관 기자가 진행하는 팟캐스트 '[북팟21] 이게 뭐라고'
페이스북 facebook.com/21arte 블로그 arte.kro.kr
인스타그램 instagram.com/21_arte 홈페이지 arte.book21.com

이 책은 『한 장의 절대 지식』(허니와이즈, 2016)의 개정판입니다.